사주명리학 강의

전선생의

전선생의 사주명리학 강의

초판 1쇄 발행   2017년 1월 20일

지은이   전선생
펴낸이   한승수
펴낸곳   문예춘추사

편 집   조예원
마케팅   안치환
디자인   이혜정

등록번호   제300-1994-16
등록일자   1994년 1월 24일

주 소   서울특별시 마포구 연남동 565-15 지남빌딩 309호
전 화   02 338 0084
팩 스   02 338 0087
E-mail   moonchusa@naver.com

I S B N   **978-89-7604-330-6 03150**

四柱命理學

전선생의

사주 명리학 강의

전선생 지음

인기 팟캐스트 ○

<전선생과 수의 사주쇼>

문예춘추사

이 책은 당신의 삶에 방향을 제시하지 않습니다. 또한 어줍잖은 위로를 하지도 않습니다. 그저 삶이란 어떻게든 계속 살아가야 하고, 그 속에서 아픔과 고통은 온전히 자신의 몫이며 그걸 이해하고자 하는 작은 바람만이 있을 뿐입니다. 우리는 어려서부터 사주팔자라는 말을 참 많이도 듣고 살았습니다. '팔자가 좋아서' 혹은 '팔자가 더러워서'라는 말로 우리네 인생을 점치곤 했습니다.

과연 운명이라는 것이 정말 존재하는가? 한번쯤은 자신의 삶 또는 운명에 대하여 고민해본 적이 있을 것입니다. 명리학자나 무당을 찾아가 삶에 대하여 상담도 해봤을 것입니다. 세상을 살아가다 보면 고난과 어려움을 겪고 명리학에 입문하는 경우가 많습니다. 하지만 사주학이라는 학문에 매력을 느껴서 입문을 시도했지만 기초 부분에서 중도 포기하는 사람들이 무척이나 많습니다. 사주를 척척 풀어 해석하고 싶은데 마음처럼 그리 쉽게 되지 않습니다. 모든 학문이 그렇듯 기초부터 차근차근히 공부해야 합니다.

사주를 공부하다 보면 가장 기본적인 것이 답이라는 것을 알게 될 것입니다. 물론 기초라는 게 지루하기만 하고 재미도 없고, 딱딱한 내용들뿐이니 처음에는 하품만 나올지도 모르지요. 하지만 명리학이라는 것이 자연을 벗 삼아 연구하던 선학들의 연구 성과가 전해져 내려오는 것이라 처음 몇 가지만 잘 숙지한다면, 비록 적은 지식이라도 세상이 돌아가는 이치와 자연이 움직이는 원리를 살펴볼 수 있을 것입니다.

학문이라는 것이 그렇겠지만 특히나 동양에서 가르쳐주는 이론이나 가르침은 속전속결보다는 천천히 여유롭게 다가서야 그 참 의미를 깨닫는다 하겠습니다.

사주학은 자연의 시간과 공간을 통해서 인간의 삶을 예측하고 대비하는 학문입니다. 자연은 선과 악이 존재하지 않습니다. 좋고 나쁘다가 없다는 말입니다. 오로지 인간만이 선과 악을 자신들의 기준에 맞추어서 판별할 뿐입니다. 부디 사주학에 입문하시는 분들은 끝까지 포기하지 말고 천천히 갑시다.

전선생

{ 입문하기 전
{ 익혀야 할 용어

아래에 소개할 용어들은 사주학(四柱學)에서 사용되는 가장 기본
적인 언어들입니다. 흔히 육십갑자(六十甲子)라고 불리며 천간과 지지
조합의 기본적 구성을 하고 있는 글자라고 할 수 있습니다. 가장 기
본적 언어인 이 천간지지(天干地支)는 앞으로 항상 따라다니는 것들
이니 각 글자들의 속성을 이해하고 사용하는 것이 무엇보다 중요합
니다.

기본적으로 천간(天干)과 지지(地支)의 음양(陰陽)이 어떻게 구분
되고 오행(五行)의 상생상극(相生相剋)이 어떻게 이루어지는지 꼭 외
워야 합니다. 참고로 이러한 한자도 외우기 귀찮아서 한글로 한자의
음을 다는 습관은 매우 나쁩니다. 추후에 중급 과정에서 학습하게
될 여러 가지 책들은 기초 학습서들처럼 친절하게 한글 위주로 해석
하지 않는다는 점을 염두에 두고 처음부터 좋은 습관을 들이기를
바랍니다.

사주팔자(四柱八字)

생년, 생월, 생일, 생시를 그 집의 네 개의 기둥으로 보아 붙인 명칭. 간지 두 글자씩 모두 여덟 자라 하여 팔자라고 한다.

	시간(時干)	일간(日干)	월간(月干)	연간(年干)
천간→				
지지→				
	시지(時支)	일지(日支)	월지(月支)	연지(年支)

오행(五行)

우주 만물을 이루는 다섯 가지 원소.

금(金)	수(水)	목(木)	화(火)	토(土)

천간(天干)

하늘에 머무는 무형(無形)의 기운(氣運)을 의미한다. 열 가지 기운의 움직임을 문자로 표기한 것으로, 이것을 가리켜 천간이라고 칭한다. 열 가지라 하여 십간이라고도 한다.

갑 (甲)	을 (乙)	병 (丙)	정 (丁)	무 (戊)	기 (己)	경 (庚)	신 (辛)	임 (壬)	계 (癸)

지지(地支)

하늘에 있는 무형의 기운이 땅으로 내려와 일종의 혼합작용을 만들어내어 나타난 하나의 결과물. 열두 가지라 하여 십이지라고도 칭한다.

자 (子)	축 (丑)	인 (寅)	묘 (卯)	진 (辰)	사 (巳)	오 (午)	미 (未)	신 (申)	유 (酉)	술 (戌)	해 (亥)

육십갑자(六十甲子)

천간과 지지가 결합하여 이루어진 결합으로, 최초의 간지 결합인 천간의 갑(甲)과 지지의 자(子)가 합쳐진 갑자(甲子)를 붙여 육십갑자라고 부른다. 그렇게 60번이 지나면 다시 갑자(甲子)부터 시작되는데 육십갑자가 한 바퀴 돌았다고 해서 환갑, 또는 회갑이라고 한다.

갑자 (甲子)	을축 (乙丑)	병인 (丙寅)	정묘 (丁卯)	무진 (戊辰)	기사 (己巳)	경오 (庚午)	신미 (辛未)	임신 (壬申)	계유 (癸酉)
1924 1984 2044	1925 1985 2045	1926 1986 2046	1927 1987 2047	1928 1988 2048	1929 1989 2049	1930 1990 2050	1931 1991 2051	1932 1992 2052	1933 1993 2053

갑술 (甲戌)	을해 (乙亥)	병자 (丙子)	정축 (丁丑)	무인 (戊寅)	기묘 (己卯)	경진 (庚辰)	신사 (辛巳)	임오 (壬午)	계미 (癸未)
1934 1994 2054	1935 1995 2055	1936 1996 2056	1937 1997 2057	1938 1998 2058	1939 1999 2059	1940 2000 2060	1941 2001 2061	1942 2002 2062	1943 2003 2063

갑신 (甲申)	을유 (乙酉)	병술 (丙戌)	정해 (丁亥)	무자 (戊子)	기축 (己丑)	경인 (庚寅)	신묘 (辛卯)	임진 (壬辰)	계사 (癸巳)
1944 2004	1945 2005	1946 2006	1947 2007	1948 2008	1949 2009	1950 2010	1951 2011	1952 2012	1953 2013
갑오 (甲午)	을미 (乙未)	병신 (丙申)	정유 (丁酉)	무술 (戊戌)	기해 (己亥)	경자 (庚子)	신축 (辛丑)	임인 (壬寅)	계묘 (癸卯)
1954 2014	1955 2015	1956 2016	1957 2017	1958 2018	1959 2019	1960 2020	1961 2021	1962 2022	1963 2023
갑진 (甲辰)	을사 (乙巳)	병오 (丙午)	정미 (丁未)	무신 (戊申)	기유 (己酉)	경술 (庚戌)	신해 (辛亥)	임자 (壬子)	계축 (癸丑)
1964 2024	1965 2025	1966 2026	1967 2027	1968 2028	1969 2029	1970 2030	1971 2031	1972 2032	1973 2033
갑인 (甲寅)	을묘 (乙卯)	병진 (丙辰)	정사 (丁巳)	무오 (戊午)	기미 (己未)	경신 (庚申)	신유 (辛酉)	임술 (壬戌)	계해 (癸亥)
1974 2034	1975 2035	1976 2036	1977 2037	1978 2038	1979 2039	1980 2040	1981 2041	1982 2042	1983 2043

음양(陰陽)

　우주 만물의 서로 반대되는 두 가지 기운으로서, 어느 한쪽이 없다면 다른 한쪽은 존재할 수 없으므로 공존에 그 의미가 있다.

지장간(支藏干)

지지(地支) 속에 들어 있는 천간(天干).

상생(相生)

한 사물이 다른 한 사물을 발생시키고 조장시키며, 도와주는 관계를 이르는 말. 목(木)은 화(火)와, 화(火)는 토(土)와, 토(土)는 금(金)과, 금(金)은 수(水)와, 수(水)는 목(木)과 조화를 이룬다.

상극(相剋)

상생(相生)과 반대로 목(木)은 토(土)와, 토(土)는 수(水)와, 수(水)는 화(火)와, 화(火)는 금(金)과, 금(金)은 목(木)과 조화를 이루지 못함을 이르는 말. 서로 맞지 않아 어울리지 못하고 충돌함을 뜻한다.

십성(十星)

각 오행(五行)은 반드시 다른 오행과의 관계 속에서만 존재할 수 있는데 이 움직임을 음양(陰陽)으로 구분한 것을 십성(十星)이라 한다. 비견(比肩), 겁재(劫財), 정인(正印), 편인(偏印), 식신(食神), 상관(傷官), 정관(正官), 편관(偏官), 정재(正財), 편재(偏財) 열 가지로 설명한다.

십이운성(十二運星)

천간(天干)과 지지(地支)가 만났을 때 강약을 보는 방법으로 얼마나 강하고 약하냐의 정도를 인간의 생로병사 과정과 윤회사상을 대입시켜 12개 단계별로 나누어놓은 것을 뜻한다. 이를 십이운성법(十二運星法)이라고 말하며 양(養), 장생(長生), 목욕(沐浴), 관대(冠帶), 건록(建祿), 제왕(帝旺), 쇠(衰), 병(病), 사(死), 묘(墓), 절(絶), 태(胎)의 순으로 이루어져 있다.

형(刑)

현대 사주학 개념에서 중하게 쓰이는 재료 중 하나로, '형벌을 받는다'는 뜻. 형살은 결과가 비틀어지고 형태가 바뀐다고 정의할 수 있다.

충(沖)

서로 싸우는 경우로 기존의 틀 혹은 삶에서 버릴 것과 얻을 것을 확실하게 결정하는 것. 충(沖)이 들면 완전히 파괴하거나 한번에 정신을 차리는 일종의 자극이라 할 수 있다. 충(沖)은 극과 극으로 가기 때문에 파괴의 작용이 동반한다는 특징이 있다.

회합(會合)

글자들이 모여 거대한 하나의 기운으로 변하는 성질. 회국이 성립되면, 지지의 각 글자들은 본래의 성질을 잃고 전혀 다른 새로운 형태의 오행을 갖게 된다.

1장

음양론 陰陽論

◉ 음양론 陰陽論

陰 : 그늘 음, 차가울 음.

陽 : 볕 양, 따뜻할 양.

글자 그대로 음양(陰陽)이란 차가움과 따뜻함, 그늘과 양지, 겉과 속과 같이 서로 대립되는 관계를 칭합니다. 그러나 이것을 대립되는 관계라고만 생각하면 안 됩니다. 음양(陰陽)은 서로 공존한다고 말하는 것이 더욱 적합한 표현입니다. 또한 공생의 관계라고 해도 무방합니다. 어느 한쪽이 없다면 다른 한쪽은 존재할 수 없으며, 존재 가치가 무의미하기 때문입니다.

어떠한 한 가지 물체가 존재할 때 서로에게 꼭 필요한 다른 존재가 반드시 있다는 시각이 음양론(陰陽論)으로 사물을 바라보는 첫 번째 출발이자 첫 단추라고 할 수 있습니다.

생각해보면 빛이라는 존재가 있기에 상대적인 어둠이라는 존재가 있는 것이지, 어둠이 존재하지 않았다면 밝음이라는 것도 존재할 수가 없을뿐더러 생성될 여지가 없습니다.

음양은 애초에 사물이 정해질 때 이미 그에 맞는 다른 음양이 존재하게 된다는 이론입니다. 세상에 짝 없는 사물은 없다는 것입니다. 세상에 남자만 존재하지 않고, 또한 하늘에 태양이 있다면 뒤에는 반드시 달이 존재한다는 것은 누가 봐도 명확한 진리입니다. 어느 한쪽만 존재하면 그 세계는 곧 죽음과 같이 생동감 없는 세상이 되어버리는 것입니다.

이렇게 우리가 사는 자연계가 바로 음양의 순환과정에 있기에 삶을 온몸으로 느낄 수 있다는 것이 음양론의 출발입니다.

예를 들어 돈은 많이 벌었으나 아내가 일찍 죽었다면 이것을 좋다 나쁘다의 개념에서 어떻게 생각해야 할까요? 무의식적으로 이분법적인 사고를 학습한 탓에 우리는 어릴 때부터 좋다 나쁘다로 현상을 판단합니다.

| 陰陽의 예 |

태양&달

하늘&땅

불&물

남자&여자   칼&도마   창&방패

이렇게 음양은 생활 속에서 사물이 존재하는 한 반드시 나타나게 되는데, 그 해당하는 성분은 서로 반대되는 성향일지라도 어느 한쪽이 존재하므로 반대되는 것이 필연적으로 탄생하게 됩니다. 즉 반대되는 속성이라고 해서 무조건 서로 밀어내는 관계가 아닌 서로 친밀하게 공존해나가는 관계가 성립되는 것입니다.

이 음양학(陰陽學)의 시초는 중국에서 시작되었는데, 세상을 모두 이분법하다보니 한 가지 설명되지 않는 것이 생겨나기 시작했습니다. 모든 것을 두 가지로 나눔으로써 완벽하게 자연계의 사물을 설명할 수가 있을 것 같았지만, 그렇지 않은 한 가지가 있습니다.

음에도 속하지 않고, 양에도 속하지 않는 이것은 바로 사주학(四柱學)에서 중요시하는 삶의 목적, 중화(中和)라고 이야기합니다.

전 선 생
T I P
천간(天干)에서 일어나는 일은 천지인(天地人) 삼재(三才) 중 하늘에 속하고 지지(地支)에서 일어나는 일은 삼재(三才) 중 땅에 속하며, 지장간(支藏干)에서 일어나는 일은 삼재(三才) 중 인간에 속합니다.

옆의 태극 문양을 보면 어느 한쪽으로도 치우치지 않고 중도를 지키고 있습니다. 이처럼 음양도 어느 한쪽으로 치우치지 않는 조화를 말합니다. 우리의 삶이 태극 문양처럼 조화를 이루면 얼마나 좋을까요. 그러나 인간의 사주팔자는 어느 한쪽으로 치우쳐 있기에 문제가 생기고 사건 사고가 생기는 원리입니다.

사주에서 천간(天干)이 변화함을 읽어내면 그 사람에게 하늘이 정해주는 일의 성패를 알 수 있고, 지지(地支)에서 일어나는 변화를 읽어내면, 그 사람의 속사정을 읽을 수 있고, 지장간(支藏干)에서 일어나는 변화를 읽어내면, 그 사람에게 일어나는 인간사를 능히 읽어낼

수가 있는 것입니다.

바로 우리 옛 선조는 하나에서 셋이 나온다는 진리를 깨달은 즉 하나에서 둘이 나온다는 중국식 철학을 아주 확고하게 발전시켜 셋이라는 관법을 구사하니, 이 셋이라는 것은 사주학에서 그렇게 열거하는 중화(中和)와 조화(調和)의 정신이며, 대저 우주만물은 중화의 도(道)를 넘어서면 흉사(凶事)가 벌어지게 되고, 중화의 도를 찾으면 길조(吉兆)가 찾아들게 마련이며, 어느 한쪽으로 치우침 없이 중간의 정도를 지키면 행복한 삶을 누릴 수 있다는 것을 강조하는 바입니다.

이렇게 항상 음양론으로 사물을 바라보는 시각을 가지는 것이 중요합니다. 음과 양은 영원히 서로 만날 수 없지만, 또 한편으로는 서로가 있기에 자신이 존재하는 이유를 찾을 수가 있는 것입니다.

자연이 변화하는 것과 인간이 늙고 병들어 지치는 것은 음양의 변화인데, 이것은 왜 끊임없이 변화하고 움직이는 것일까요? 시간이라는 틀이 사주를 변화하게 하고 천간과 지지를 움직이는 것인데, 그로써 지장간(支藏干)이 동(動)하고, 그에 맞추어서 살고 있는 인간사의 움직임이 변화하게 되는 것입니다.

인간은 자연의 일부분이니 꽃과 풀, 나무들만 자연이 아니라 인간 자체도 자연의 눈에서 보면 일상의 한 부분일 뿐, 결코 인간이 만물의 영장이라 해서 자연계의 중심이 될 수는 없습니다. 시간이라는 개념 속에서는 인간 역시 흘러가는 자연의 부속물일 뿐입니다. 자연에는 선악이 존재하지 않습니다. 그저 언제나처럼 흘러가고 그 안에서 인간이 살아갈 뿐입니다.

존재하는 인간 한 명 속에서 수많은 인간이 영원히 살아갑니다.

내가 죽음으로 해서 이 세상이 끝나는 것이 아니라, 또 다른 내가 영원히 사는 것입니다.

전선생의 사주카페

남자 복이 지지리 없는 여자

時	日	月	年	(여, 52세)
丙	甲	丁	甲	
寅	申	丑	辰	

칠팔 년 전쯤, 밤늦은 시간에 어떤 손님이 팔자를 보러 왔습니다. 본인의 사주를 직접 불러주고 사주에 대해서 잘 아는 분이었습니다. 제 전문이 이혼이지 않습니까? 보자마자 바로 "이혼 하셨네요." 했습니다. 그랬더니 얼굴 표정이 '음, 좀 맞추네.' 하는 표정이더군요. 그래서 왜 이혼했는지 설명을 해주었습니다. 전문용어를 써가면서 당신이 앉은 자리에 관이 있으나 그 관이 나를 죽이는 자리에 있다. 이런저런 이야기를 해주고 내년에 다시 올지 모르겠다고 하고 보냈습니다.

일 년이 지났을까요? 새벽 1시가 훌쩍 넘어 사주카페 문을 두드리는 사람이 있어 나가 보니 그때 그분이 눈이 퉁퉁 부은 채로 눈물이 그렁그렁해서 저를 찾아온 것이 아니겠습

전 선 생 TIP

연지(年支)는 조상 자리, 월지(月支)는 부모 자리, 일지(日支)는 부인 혹은 남편 자리, 시지(時支)는 자식 자리로 볼 수 있습니다. 명조(命造)의 주인을 월간(日干)으로 보는데 월간은 자기 자신을 뜻합니다. 월간의 성향은 사주의 주인이 가장 많이 영향을 받음으로 월간 자체에 대한 이해도 상당히 중요합니다.

니까? 이유인즉 사귀던 남자가 있었는데 몸도 마음도 다 주고보니 남자가 바람둥이였던 겁니다. 지방을 돌아다니면서 절에 탑을 쌓는 일을 하는 남자인데 이 절, 저 절 돌아다니면서 그 절에 사는 신도를 꼬시는 아주 대단한 바람둥이에게 걸린 것입니다. 메일을 보낼 때도 여자들을 홀리는 메일을 이름만 바꿔가며 보내고 문자도 마찬가지였습니다. 나중에 여자들끼리 그걸 알고 서로 싸움이 나기도 했지요.

　자기는 이제 어떡해야 하냐고 저를 찾아온 것입니다. 자, 여자분의 사주를 보면 양이 음보다 훨씬 많습니다. 지지를 보면 남편 자리는 깨져 있고 충이 있으니 이혼은 두어번 했을 것이요, 남자 자리에 역마살이 있으니 한곳에 머물러 있는 남자를 애초에 만날 수가 없는 여자입니다. 제가 이 여자분이 다시 온다고 한 것은 그다음 해에 남자 자리가 깨지는 해가 들어오기 때문에 그렇게 이야기한 것입니다. 명식에서 시지(時支)와 일지(日支) 자리를 보면 충(冲)이 들어 있음을 알 수 있습니다. 지금도 여자분은 여전히 남자를 만나고 있습니다. 남자가 없으면 계속해서 찾습니다. 자기 팔자에 부족하거나 깨지거나 터진 부분이 있으면 그 부분이 가장 아픈 법입니다. 없는 부분 때문에 아파하고 힘들어하고 인간의 고를 만듭니다. 자기가 가장 아프기 때문입니다. 그리고 부족한 부분은 계속 찾아나가는 것이지요. 그 부족한 부분을 질문하러 문점자(손님)들이 찾아옵니다.

그런데 만약 이 여자분이 20대에 저를 찾아왔다면 어떻게 말했을까요? 아직 결혼도 하지 않은 분한테 이혼이니 어쩌고저쩌고했겠습니까. 아마 안 했을 겁니다. 의미가 없기 때문이지요. 들어도 믿지 않을 것이고 공연히 기분만 나빠져 돌아갔을 것입니다. 그 나이 때에 삶은 꿈과 희망이죠.

2장

천간天干과

오행五行

이야기

◉ 천간天干

천간(天干)은 갑(甲), 을(乙), 병(丙), 정(丁), 무(戊), 기(己), 경(庚), 신(辛), 임(壬), 계(癸)로 이루어진 하늘의 기운(氣運)을 뜻합니다. 모두 10가지라 하여 십간(十干)이라고도 부릅니다. 생년월일시를 천간(天干)과 지지(地支)로 나타낸 것이 사주팔자(四柱八字)입니다. 천간과 지지는 음양오행(陰陽五行)으로 분류하여 이해해야 합니다. 자세한 분석은 오행(五行)의 특징을 소개하며 다루겠습니다.

천간(天干) - 하늘의 열 가지 기운(氣運)

갑	을	병	정	무	기	경	신	임	계
甲	乙	丙	丁	戊	己	庚	辛	壬	癸

◉ 오행五行

오행(五行)은 우주 만물을 이루는 다섯 가지 원소를 뜻하며, 아래 다섯 가지로 구성되어 있습니다. 이는 쇠, 물, 나무, 불, 흙이 아니라 유무형의 다양한 형태를 띤다는 것이 중요합니다.

금(金)	수(水)	목(木)	화(火)	토(土)

음양오행설(陰陽五行說)에서 상생(相生)이란 한 사물이 다른 한 사물을 발생시키고 조장시키며, 도와주는 관계를 이르는 말로, 목은 화(火)와, 화는 토(土)와, 토는 금과, 금(金)은 수(水)와, 수는 목(木)과 조화를 이룸을 이르는 말입니다.

상극(相剋)이란 이와 반대로 목은 토(土)와, 토는 수(水)와, 수는 화(火)와, 화는 금과, 금(金)은 목(木)과 조화를 이루지 못함을 이르는 말입니다.

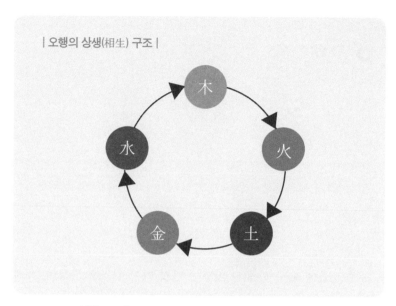

| 오행의 상생(相生) 구조 |

상생 ▶▷▶ 木→火→土→金→水→木 : 힘을 북돋아주는 순서

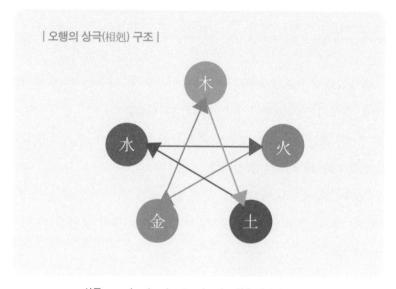

| 오행의 상극(相剋) 구조 |

상극 ▶▷▶ 木→土→水→火→金→木 : 힘을 뺏어가는 순서

지금부터 오행(五行)의 특징을 살펴보고 오행을 음양으로 나누어 살펴보겠습니다.

목木 : 성장하려는 기운

단순한 나무라는 글자입니다. 물론 평범한 나무를 떠올려도 좋고 통나무를 떠올려도 좋은데, 한 가지 명심해야 할 것은 목(木)은 나무와 흡사한 성질이며, 나무가 가지고 있는 성격을 표현했음에 100% 나무가 아님을 알아야 합니다. 나무와 비슷한 성질의 형체가 없는 무형(無形)의 기운이라고 생각하면 됩니다.

목이라는 기운은 하늘 위로 성장하고 싶어 합니다. 위로만 성장하려 하니, 앞을 좋아하고 미래 지향적입니다. 성장하려는 의미 그대로 직선적인 형태의 기운을 가집니다. 그로 인해 경쟁적인 구도를 좋아합니다. 좋아한다고 보기보다는 본능적으로 그러한 습성이 있다고 보는 것이 옳습니다. 물을 좋아하고, 뿌리내릴 수 있는 따뜻한 습토(濕土)를 좋아합니다.

오행(五行)	木 (사계절 중 봄에 해당)	
음양(陰陽)	陽	陰
천간(天干)	甲	乙

갑목(甲木) - 양목(陽木)

자신이 마음먹은 대로 행동하는 특징이 있습니다. 강한 노력과 의지의 소유자로 대체적으로 진취적입니다. 한번 좌절을 맛보면 일어서려는 의지가 다소 약하지만 경쟁력에 강한 모습을 보입니다. 자연의 물상(物象)으로는 굵고 높게 자라나는 나무(소나무, 버드나무, 밤나무 등)에 해당됩니다.

갑목은 그 근원이 오행 중 목이 가지고 있는 양의 성질에 해당합니다. 즉 목의 위로 자라나는 성질과 경쟁적인 면을 밖을 향하여 그대로 표현하므로 위와 같은 행동 패턴을 보이게 되는 것입니다.

을목(乙木) - 음목(陰木)

심사숙고형으로 고민과 생각이 많으며 스스로 갖는 스트레스가 심한 편입니다. 문제가 발생하면 관망하다 묘한 타개책을 발견합니다. 생각이 많다보니 다소 계산적인 구석이 있고 기본적으로 화려하고자 하는 끼가 있습니다. 자연의 물상으로는 높게 자라지는 않지만 화려함을 갖고 있는 들꽃(무궁화, 할미꽃, 장미 등)이 해당됩니다.

갑목이 목의 양에 해당한다면 을목은 음에 해당하는 성질입니다.

즉 목의 성향을 가지되 겉으로 발현되지 않고 주로 안으로만 궁리를 합니다. 위로 자라나려는 목의 성질과 음의 드러나지 않는 성향을 함께 가지고 있어서 갑목처럼 크게 자라지는 못합니다.

화火 : 발산하려는 기운

화(火)를 바라볼 때 어떤 느낌이 드나요? 뜨겁다, 밝다, 명랑하다, 쾌활하다 등 우리는 화에 근접하여 사용하고 있기에 화에 관한 상념을 쉽게 찾을 수 있습니다.

현대사회는 화의 사회라 해도 과언이 아닙니다. 이 화를 어떻게 조율하고 이용하느냐에 그 나라가 가진 경제력이 달려 있는 것 같습니다. 그럼 과거 시대는 무슨 시대였을까요?
화 이전엔 목이니 목의 시대였겠지요. 그 시기에 주된 생활의 원천은 목이라고 할 만큼 인간은 목에 아주 현란한 스킬을 가미하며 조율하고 사용해왔습니다.

그럼 앞으로 오는 시대를 토(土)라고 가정한다면, 쓸데없는 망상이지만 한번쯤 상상해보는 것도 나쁘지는 않을 겁니다. 토의 시대에는 땅을 잘 조율하는 나라가 부자나라가 아닐까 생각해봅니다.

화는 군자가 갖추어야 할 다섯 가지 덕목 중 예(禮)를 담당합니다. 기본적으로 화의 정기를 받은 사람들은 예의를 알고 있습니다. 불의를 보면 참지 못하고, 불처럼 명랑 쾌활하며 사람에 따라서 다소 다혈질이기도 합니다.

태양을 보면 늘 홀로 자신의 빛을 타인에게 내어줍니다. 이는 남을 위해 빛을 내어주는 희생정신입니다. 또한 자존심이 강하기도 하고 고독하기도 합니다.

화 또한 화려하고자 하는 끼를 가집니다. 이는 을목의 끼와는 다른 차이가 있는데, 을목의 끼는 단아하고 예쁘게 꾸미려 하는 끼라면, 화의 끼는 드러내 보이고 싶은 끼, 즉 화려하고 강렬한 끼라고 할 수 있습니다.

오행(五行)	火 (사계절 중 여름에 해당)	
음양(陰陽)	陽	陰
천간(天干)	丙	丁

병화(丙火) - 양화(陽火)

분명한 성품으로 자신을 감추지 못하고 드러냅니다. 의협심이 강하며 잔재주가 많습니다. 어디서든 한두 번씩은 눈에 띄는 짓을 골라서 합니다. 대체적으로 명랑하며, 남을 배려해주는 마음이 있고, 은근히 자랑하기를 좋아하며 인기인이 많습니다. 자연의 물상으로는 하늘의 태양에 비유합니다.

병화는 화 중 양의 성질을 내포하며, 화가 가지고 있는 성질을 겉으로 발산합니다. 즉 하늘의 태양처럼 두루두루 비추기를 좋아하고 예의에 어긋나는 것을 큰 실례로 여깁니다. 또한 항상 어딜 가든지 남들이 자신을 쳐다봐주기를 바랍니다. 태양이 타인을 비추듯이 기본적으로 봉사하려는 마음 또한 가지고 있습니다. 한곳으로 집중되지 못하고 넓게 퍼지는 성향이 있으므로 자신의 관심에서 멀어지면 열정 또한 금방 줄어듭니다.

정화(丁火) - 음화(陰火)

내면에 정열을 간직하고 있으며 진취적입니다. 머리 회전이 빠르고 배려심이 깊습니다. 하지만 내면의 욕구가 많아 이기심 또한 있습니다. 자연의 물상으로는 촛불에 비유합니다.

정화는 화의 특색을 응집하여 모아놓은 화 중 음의 결정체입니다. 화의 발산하는 성질을 안으로 추구하며 욕구가 많은 편인데, 겉으로 뽑아내지 못하는 아쉬움으로 생각에만 그치는 수가 많습니다. 또한 자기 몸을 태워 남을 이롭게 하는 촛불의 특성상 타인을 배려하고 봉사하는 마음이 자리를 잡으나, 그러한 자신의 성향에 대해서 못마땅해하고 불만을 갖기도 합니다.

오행에서 화는 금을 극(剋)하여 금의 생명력을 제어하는 역할을 합니다. 그러나 병화는 녹이기보다는 사물을 기르고 따뜻하게 해주는 역할을 하며, 정화는 불의 뜨거운 점만 모아놓은 결정체이므로 직접적으로 사물에 영향을 주어 녹이고, 태우는 역할을 합니다.

토土 : 중정과 조절의 기운

토는 오행 중 가장 알기 쉬울 듯하면서도 복잡한 구조를 가지고 있습니다. 나중에 다루게 될 지지(地支)를 연구하면 알겠지만 토라

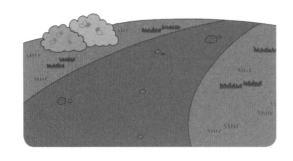

는 성분은 오행이 균형을 이루고 변화할 수 있도록 중간에서 조절해주는 역할을 합니다. 그렇기 때문에 본인의 색이 없습니다. 특징을 가지기가 애매합니다.

그러나 자신만의 색이 없다는 것이 흠은 아닙니다. 토는 오행 중 가장 중화(中和)를 이루고 목, 화, 금, 수의 모든 기운이 담겨져 있는 형태를 가집니다. 땅이 사물을 키우고 안주하게 하는 것을 보면 어머니와 같은 성향이 있으며, 넓은 들판을 보면 가슴이 탁 트이게 해주는 기분을 가지게도 하며, 산을 보면 웅장하고 거대한 기운을 느끼게 해줍니다. 만물을 포용하는 포괄적인 기운으로 어떻게 보면 굉장히 단순한 오행이기도 합니다.

오행(五行)	土 (사계절을 조절하는 역할)	
음양(陰陽)	陽	陰
천간(天干)	戊	己

무토(戊土) - 양토(陽土)

신의를 지키고 절도를 존중하나 사려가 깊지 못한 단순함이 있습니다. 내면이 수수하며 자존심이 강합니다. 고독하고 옹고집스러운 면이 있으며 습기가 없는 건조함이 있습니다. 자연의 물상으로는 산에 비유합니다.

무토는 토 중 양의 성질을 가지고 있습니다. 바닥에 깔리는 토의 성질보다는 겉으로 솟아올라 눈에 띄는 성질이 있기에 산에 비유합니다. 산을 바라보면 그 기세는 사뭇 웅장해 보입니다. 또한 홀로 외로이 있는 모습은 고독해 보이기도 하고, 고독을 마치 즐기는 듯 보이기도 합니다.

산은 나무와 동물, 잡초 등 모든 생물들이 살아갈 수 있도록 항상 자신을 개방합니다. 그 웅장하고 강한 모습을 지키려면 자존심 또한 강해야겠습니다. 자신의 모든 것을 개방하는 것처럼 내면은 수수하고 순박합니다.

기토(己土) - 음토(陰土)

순진하고 말이 적은 편으로 사교성이 부족하나 성격상 강인함이 내재되어 있습니다. 비밀이 많고 인내심이 강하며, 인자한 특성이 있습니다. 축축한 습기를 포함하고 있고 자연의 물상으로는 넓은 들판에 비유합니다.

기토는 토 중 음의 성질에 해당합니다. 무토처럼 겉으로 들어나는 양의 성질이 아닌 음의 성질이라, 평평한 모습을 지니고 있습니다. 기토는 무토처럼 자신의 모든 면을 개방하는 토의 성질을 갖되, 무토가 대장부답다면 기토는 어머니의 심성을 닮았다고 할 수 있습니다.

무토 같은 강직함을 안으로 가지고 있으며, 수수하고 순박함 또한 가지고 있는 것이 기토의 기본적인 성향이라 할 수 있습니다.

금金 : 숙살의 기운

금(金)의 기본적인 성질은 묵직하고 무게감 있는 모습입니다. 더불어 예리하고 날카로운 모습을 볼 수 있으며 무엇이든 양단을 잘 내는 절도 있는 카리스마가 보이는 형상입니다. 흔히 사주를 감정받을 때, "사주 내에 금기(金氣)가 많네요."라고 말을 해주면 일반적인 문점객은 돈이 많은 줄로 알고 좋아 하는데, 금기(金氣)가 사람에게 다 돈이 되는 것이 아님을 알아야 합니다.

오행(五行)	金 (사계절 중 가을에 해당)	
음양(陰陽)	陽	陰
천간(天干)	庚	辛

경금(庚金) - 양금(陽金)

강단이 있고 대인으로 인정받기를 원하는 속성이 있습니다. 자기 암시가 강하며 의리가 있습니다. 묵직하고 과묵하지만 빛을 받아 빛나고 싶어 하는 바람도 있습니다. 자연의 물상으로는 큼직한 바위에 비유합니다.

경금은 금 중 양의 결정체로 금이 가지고 있는 묵직함과 과묵함을 겉으로 방출하는 습성이 있습니다. 자신의 가치를 타인에게 인정

받고 싶어 하기 때문에, 자신이 가진 재주를 남들 앞에 선보이는 것을 좋아합니다. 금이 가진 예리함의 영향으로 언행에 있어서 맺고 끊음을 확실하게 하는 과단성이 있습니다.

신금(辛金) - 음금(陰金)

엄격하고 냉정한 동시에 온화함을 함께 갖추고 있는 양면성이 있습니다. 언어 사용이 날카로우며 절도가 있습니다. 자연의 물상으로는 보석, 또는 잘 다듬어진 칼에 비유합니다.

신금은 금 중 양의 결정체로 그 성질을 겉으로 드러내지 않고 안으로 모아들입니다. 경금처럼 언행에 품위가 있되 칼같이 예리하고 직선적인 면이 있습니다. 또한 빛나는 보석처럼 남들이 자신을 알아주길 원하며, 자신의 기질을 다 드러내고 나면 인기가 사라집니다. 행동이 바르고 올곧으니 단체의 리더로서 지시하고 진행하는 타입이 많습니다.

수水 : 수렴의 기운

오행에서 수(水)는 상생 과정의 마지막 단계로, 모든 것을 원점으로 돌리는 것을 의미하기도 합니다. 허나 수에서 끝나는 것이 아니라 다시 목으로 출발을 시켜주므로, 끝이라기보다는 새

로운 출발을 위해 응집하는 과정이라고 하는 것이 타당할 것입니다. 이처럼 모든 기운을 응집하고 수렴하는 만큼 수가 가지고 있는 특성은 지혜와 총명함을 담당합니다. 계절로는 겨울에 해당하는데, 우리가 보고 느끼는 겨울을 살펴보면 실상 활동하는 것이 그다지 많지 않다는 것을 알 수 있습니다. 그만큼 수는 차갑고 응집하는 기운입니다.

오행(五行)	水 (사계절 중 겨울에 해당)	
음양(陰陽)	陽	陰
천간(天干)	壬	癸

임수(壬水) - 양수(陽水)

재주와 배짱이 있습니다. 대인 관계의 교묘함은 누구도 따를 수 없고 상대는 페이스에 말려들게 됩니다. 자연의 물상으로는 바다에 비유합니다.

임수는 양수로서 수의 성질을 겉으로 보여줍니다. 마음속 음흉함도 있지만, 지능적인 면에서는 다른 오행을 능가하는 정도입니다. 바다라는 특성을 보면 깊고 넓어 보이지만 속을 들여다보면 이것저것 복잡한 생물들이 무수히 많이 살고 있습니다. 담고 있는 것이 많은 만큼 생각하는 시간이 많은 것이 임수의 특징입니다. 말재간이 좋고, 타인을 다스릴 줄 아는 지혜가 많습니다.

계수(癸水) - 음수(陰水)

온화하고 유순하며 소극적인 노력가 타입으로 남에게 베푸는 후덕함이 있습니다. 욕심과 이기심도 있지만 그 점을 이용하지는 않습니다. 자연의 물상으로는 시냇물 또는 빗물에 비유합니다.

계수는 음수로서 수의 성질을 안으로 내포하고 있습니다. 산에 흐르는 물처럼 깨끗한 면도 있고 소리 없이 내리는 비처럼 조용한 면도 있습니다. 수의 기본적인 성질은 응집력이 굉장히 강한 편이나 겉으로 방출하기가 쉽지 않습니다.

또한 계수는 자신의 깨끗한 성향으로 자연을 맑게 정화시켜주는 모습을 가지고 있습니다. 자연의 식물들은 이 계수를 기본 바탕으로 삶을 살아간다 해도 과언이 아닐 정도로 계수에 의존하는 바가 큽니다. 자신의 지혜를 타인에게 베풀어 봉사하는 면이 있습니다.

이상으로 오행의 특성과 천간의 기본적인 성향을 살펴보았습니다. 천간을 간단하게 설명한 만큼 생각하고 궁리할 것이 많습니다. 하지만 기본적인 성향은 위와 같은 면을 간직하고 있으므로 적절히 이용할 줄 아는 지혜가 필요합니다. 물론 사주를 살펴볼 때는 그에 따른 구조와 희기(喜忌)를 살펴서 통변(通辯, 사주를 읽고 말해주는 것)을 해야 함을 잊지 말아야 할 것입니다.

일전에도 말했듯이, 천간은 무형의 기운이라는 점을 잊어서는 안 됩니다. 즉 형체가 없다는 것입니다. 자연의 물상에서 찾아볼 때 가장 흡사하고 닮았기에 비유하는 것입니다.

전 선 생
T I P

병화나 정화는 빛으로 봉사함이 눈에 잘 나타나지만 계수는 음지에서 양으로 가는 타입으로, 암암리에 사회의 밑바탕에서 도와주어 잘 드러나지 않는 것이 서로 다른 점입니다.

오행 소속	목 (木)	화 (火)	토 (土)	금 (金)	수 (水)
오상 (五常)	인 (仁)	예 (禮)	신 (信)	의 (義)	지 (智)
오색 (五色)	청 (靑)	적 (赤)	황 (黃)	백 (白)	흑 (黑)
오방 (五方)	동 (東)	남 (南)	중앙 (中)	서 (西)	북 (北)
오수 (五數)	3, 8	2, 7	5, 10	4, 9	1, 6
오계 (五季)	봄 (春)	여름 (夏)	토왕 (土旺)	가을 (秋)	겨울 (冬)
오장 (五臟)	간 (肝)	심 (心)	비 (脾)	폐 (肺)	신 (腎)
오근 (五根)	눈 (眼)	혀 (舌)	입술 (脣)	코 (鼻)	귀 (耳)
오체 (五體)	근 (筋)	혈맥 (血脈)	기육 (肌肉)	피모 (皮毛)	골 (骨)
오미 (五味)	신맛 (酸)	쓴맛 (苦)	단맛 (土)	매운맛 (辛)	짠맛 (鹹)
오과 (五果)	오이 (李)	살구 (杏)	대추 (棗)	복숭아 (桃)	밤 (栗)
오축 (五畜)	개 (犬)	양 (羊)	소 (牛)	닭 (鷄)	돼지 (猪)
오음 (五音)	아음 (牙)	설음 (舌)	후음 (喉)	치음 (齒)	순음 (脣)

전선생의 사주카페

관광지에서 튀김 장사를 하는 범인(凡人)

時	日	月	年	(여, 51세)
乙	乙	己	乙	
酉	酉	丑	巳	

　　　　강원도 속초 대포항 바닷가에서 튀김을 팔고 있는 여성에게서 전화가 한 통 걸려왔습니다. 먼저 생년월일시를 묻고 사주를 뽑는 동안 내담자의 고민을 경청했습니다. 그 여성의 가장 큰 관심사는 장사의 흥망이었습니다. 오징어와 새우 등 해산물 튀김을 주로 파는데 장사가 시원찮다고 했습니다. 그런데 본디 손이 큰 사람인지라 혹시나 하는 마음에 초벌 튀김을 많이 튀겨 가판에 쌓아두는 스타일이라고 했습니다. 헌데 그런 스타일의 사람은 장사가 잘될 때야 문제가 없지만 만약 장사가 죽을 쑨다면 난감하기 그지없습니다. 불행하게도 이 여성은 후자의 경우였습니다. 응당 팔려나가야 할 튀김들이 재고가 되어 처치 곤란에 이르고 기름도 하루에 한두 번 갈아 신선함을 유지해야 하는데, 사정이

그렇다 보니 녹록치 않았을 겁니다. 결국 재고는 쌓이고 장사는 더욱 안되는 악순환의 연속에 시달리고 있었습니다.

더욱 이 여성을 괴롭히는 사실은 (본래 남의 떡이 커 보이기 마련이지만 사실만 놓고 볼 때) 주변 튀김 집들은 이상하게 장사가 잘된다고 했습니다. 튀김옷의 두께, 원재료의 신선도 등 맛을 좌우하는 조건들이 다르지 않음에도 희한하게 자신만 장사가 시원치 않다고 하소연을 했습니다. 무릇 장사에는 '목(장소)'이 중요하다고 하는데 가게 위치가 잘못된 것은 아닌지 물었습니다. 자, 사주를 봅시다!

일단 이 여성의 사주에는 관이 어마어마하게 많습니다. 시지(時支), 일지(日支), 연지(年支) 모두 관이 들어 있습니다. 사유축 삼합(나중에 공부하니 여기서는 넘어가세요.)에 관이 많다는 것은 내가 모셔야 할 사람들이 많다는 것도 포함합니다. 관이 많으니 나이가 많고 적음을 떠나, 위아래 구분 없이 무조건 머리 숙여 모셔야 합니다. 그러니 이 여성이 장사를 하는 것은 어찌 보면 잘 선택한 길이라 여길 수 있습니다.

더불어 이 여성은 남자도 많습니다. 현재 남편도 있고 정상적인 가정생활을 하고 있지만 사주에 보면 모셔야 할 남자가 꽤 많다고 나옵니다. 이 문제는 본의와 다름으로 각설하겠습니다.

본론으로 돌아가 사주에 장사가 잘 맞음에도 불구하고 장사가 안된다면 뭐가 문제일까요? 그건 바로 '종목'에 있습니다. 튀김은 형살(물건의 형태를 바꾸는 살)입니다. 그런데 이 여성의 사주는 단단한 금입니다. 단단한 것을 취급해야 한다는 말이지요. 물에 들어가 있는 놈이 단단해지는 것은 무엇일까요?

바로 마른 생선입니다. 오징어나 새우 등이 아닌 것이지요. 그러니 이 여성은 장소에 상관없이 마른 생선을 땅 위에 올려놓고 팔아야 자신의 사주에 맞는 것이고, 그래야만 장사가 잘될 것이라 여겨졌습니다. 저는 서슴없이 제 의견을 전달했고, 이 여성은 고맙게도 제 말을 믿고 과감하게 기축년 가을부터 업종 전환을 했습니다.

시간이 흘러 이 여성의 사연도 점점 잊혀져갈 즈음에 택배 하나가 집으로 도착했습니다. 뭔고 하고 보니 그녀가 보낸 마른 생선이었습니다. 업종 전환 기념으로 보낸 것인지, 장사가 잘돼 보낸 것인지는 알 수 없었지만 동봉된 감사의 쪽지로 짐작할 때 장사가 그전보다는 낫구나, 하며 안심하고 감사히 받았습니다. 며칠 후 생선을 잘 받았는지 확인차 전화가 왔습니다. 장사의 흥망이 궁금하여 다짜고짜 물으니 장사가 아주 잘되어 감사하다는 말을 들을 수 있었습니다. 사주를 보며 행복한 순간이 이때가 아니면 언제겠습니까? 저는 오히려 감사하다는 말씀을 드리며 행복하게 전화를 끊을 수 있었습니다.

그 후로 매년 그녀는 마른 생선을 어김없이 저에게 보내주

십니다. 이 자리를 빌어 늘 감사히 잘 먹고 있다는 말씀 올리며, 앞으로도 번창하시길 그 누구보다 빌고 있다고 말씀드리고 싶습니다.

3장

지지地支 이야기

◉ 지지 地支

지지(地支)란 자(子), 축(丑), 인(寅), 묘(卯), 진(辰), 사(巳), 오(午), 미(未), 신(申), 유(酉), 술(戌), 해(亥)의 12자로 이루어진 하늘에서 내려온 12가지 혼합물을 뜻합니다. 하늘에 있는 무형의 기운인 천간은 일정한 시간이 흐르게 되면 그 기운이 땅으로 내려와 어떠한 화학적 작용을 일으키게 되는데, 그것이 바로 지지라는 하나의 결과물이라고 할 수 있습니다. 천간과 마찬가지로 지지 역시 음양오행(陰陽五行)으로 분류하여 자세히 다룰 것입니다.

지지(地支) – 하늘에서 내려온 혼합물(混合物)

자	축	인	묘	진	사	오	미	신	유	술	해
子	丑	寅	卯	辰	巳	午	未	申	酉	戌	亥

명식(命式)을 보고 운(運)을 판단할 때 많은 변화를 주로 가져다주고, 사건과 사고의 성패(成敗)를 결정짓는 대부분이 바로 지지에서 일어납니다. 왜냐하면 인간은 땅에서 살기 때문입니다. 하늘의 기운은 하늘이 알아서 스스로 풀어버립니다.

그만큼 지지를 이해하는 것이 무엇보다 가장 중요합니다. 사람이라는 생명체는 하늘의 시간에 영향을 받기보다는 땅 위에서 두 발로 생활하기 때문에 땅의 변화와 밀접한 관계를 맺습니다. 그에 맞추어 자연의 일부분인 사람 또한 땅의 시간적인 흐름에 따라서 운의 변화에도 영향이 크게 미치는 것입니다.

지지는 각 글자들의 상호 관계에 대한 변화와 그 변수가 무궁무진하기 때문에 가히 쉽게 볼 상대는 아닙니다. 하지만 늘 강조하는 것은 기본에 충실해서 생각해본다면 해답은 언제나 하나로 통일된다는 것입니다.

천간과 마찬가지로 지지에서도 일정한 법칙성을 가지고 순환을 하게 됩니다. 그 법칙은 지장간(支藏干, 지지 속에 들어 있는 천간)을 유심히 살펴봐야 합니다.

지지는 천간처럼 단순하게 한 가지 순일한 오행으로만 이루어진 것이 아닌 천간의 여러 가지 기운들이 혼합되어 만들어진 결과물이기 때문입니다. 이러한 혼합 작용에도 일정한 법칙성을 가지고 돌아가는 점을 찾아서 이해해야 합니다.

이러한 순환과 지장간들이 어떻게 지지를 이루고 있으며, 어떤 법칙으로 순환하는지만 이해하면 매우 간단합니다.

전 선 생
TIP

지지라는 것은 월(月)의 순환과정을 문자화한 것입니다. 각 월에는 그 계절의 특색이 있지요. 계절의 특색이 지지의 개성을 나타내고 '사주학은 계절학'이라는 말이 나올 만큼 이 지지의 순환과정은 무엇보다 중요합니다.

◉ 자수子水
수(水)의 왕지(旺地)

지장간	壬10 癸20
띠	쥐
월	음력 11월(양력 12월)
시간	23:30 ~ 1:30(한밤중)
계절	한겨울
성질	陰
절기	대설 ~ 소한

자수(子水)는 매우 추운 겨울을 뜻합니다. 겨울은 응집의 계절이 자, 웅크리고 기운을 모으는 시간입니다. 오행에서 수는 응집과 수렴의 기운이라는 것을 말한 적이 있습니다.

자월(子月)은 매우 추운 겨울의 중심으로서 모든 기운이 동결되어 있으며, 다가올 봄을 위해 에너지를 아끼고 준비하는 과정을 담고 있습니다.

자월의 지장간이 임수와 계수로만 이루어져 있으며, 차갑고 또 차가운 기운을 느낄 수 있습니다. 처음 임수가 10일을 담당했고, 계수가 나머지 20일을 담당했음을 알 수 있습니다.

음의 기운인 계수가 임수보다 더 많은 일수를 담당하고 있으므로 자수는 음의 속성을 가지게 됩니다.

● 축토丑土
금(金)의 고지(庫地)

지장간	癸9 辛3 己18
띠	소
월	음력 12월(양력 1월)
시간	1:30 ~ 3:30
계절	겨울과 봄의 환절기
성질	陰
절기	소한 ~ 입춘

자월의 추웠던 기운이 차츰 줄어들기 시작합니다. 만물이 태동할 움직임이 포착되기 시작하지만 아직도 그 기운은 차갑습니다.

얼어 있는 땅이기 때문에 준비의 기간이 더욱 필요한 시점입니다. 지장간을 살펴보면 아직까지는 화기가 없어서 추운 기운을 녹일 힘이 없습니다.

자월의 마지막 기운 계수가 남아서 축월(丑月)의 초기에 계수가 9일 동안 담당했음을 알 수 있습니다. 딱딱하게 얼은 겨울의 토양을 생각하시면 됩니다.

음의 기운인 기토가 가장 많으므로 음의 속성을 가지게 됩니다.

○ 인목寅木
화(火)의 생지(生地)

지장간	戊7 丙7 甲16
띠	호랑이
월	음력 1월(양력 2월)
시간	3:30 ~ 5:30
계절	초봄
성질	陽
절기	입춘 ~ 경칩

　명리학에서의 1월 1일은 입춘을 뜻합니다. 세운이 바뀌는 날이지요. 이제야 비로소 얼었던 땅이 녹기 시작하면서 생명의 움직임이 보이기 시작합니다. 지장간을 살펴보면 병화가 7일을 담당하면서 얼었던 땅을 녹이고, 갑목이라는 기운이 생기면서 생명의 움직임이 보이기 시작합니다. 하지만 이제 막 움직이는 시점이라 생명의 기운이 강하지는 않습니다.

　양의 기운인 갑목이 가장 많으므로 인목은 양의 속성을 가지게 됩니다.

⦿ 묘목卯木
목(木)의 왕지(旺地)

지장간	甲10 乙20
띠	토끼
월	음력 2월(양력 3월)
시간	5:30 ~ 7:30
계절	늦봄
성질	陰
절기	경칩 ~ 청명

만물이 활발하게 자라며 움직이고 활동력이 강해지는 시점입니다. 왕성한 생명력이 보이며 훈훈한 기운이 감도는 시기입니다.

지장간을 살펴보면 인월(寅月)에 남아 있던 기운 갑목이 10일 동안 담당했던 것을 알 수 있습니다.

음의 기운인 을목이 가장 많은 일수를 담당하고 있으므로 묘목은 음의 속성을 가지게 됩니다.

◉ 진토辰土
수(水)의 고지(庫地)

지장간	乙9 癸3 戊18
띠	용
월	음력 3월(양력 4월)
시간	7:30 ~ 9:30
계절	봄과 여름의 환절기
성질	陽
절기	청명 ~ 입하

산천초목들이 가장 잘 자라날 수 있는 시점이며, 적당한 수분과 생명력이 어우러져 있는 축축한 토양입니다. 지장간을 보면 묘월(卯月)의 을목의 여기가 진월(辰月) 초기에 남아 있음을 알 수 있습니다.

⊙ 사화巳火
금(金)의 생지(生地)

지장간	戊7 庚7 丙16
띠	뱀
월	음력 4월(양력 5월)
시간	9:30 ~ 11:30
계절	초여름
성질	陽
절기	입하 ~ 망종

　병화, 즉 태양의 기운이 주류를 이루고 있으며 본격적으로 따뜻하고 훈훈한 양기가 감도는 것을 알 수 있습니다. 더위가 시작되긴 했지만 그다지 무더운 폭염은 아닙니다.

　양의 성질인 병화가 가장 많은 일수를 담당하고 있으므로 사화는 양의 속성을 가지게 됩니다.

● 오화午火
화(火)의 왕지(旺地)

지장간	丙10 己9 丁11
띠	말
월	음력 5월(양력 6월)
시간	11:30 ~ 13:30
계절	늦여름
성질	陰
절기	망종 ~ 소서

　오화의 지장간은 병화와 정화가 세력을 장악하고 있으며, 그 뜨거움은 말로 표현할 수 없을 정도입니다. 다른 지지의 지장간을 살펴보면 오화는 그 지장간들의 배율적 구조가 왕지(旺支)와는 다른 면이 있습니다. 습기를 머금고 있는 기토가 화기의 기운을 적절히 조율을 해준다는 것을 읽을 수 있습니다.

　음의 속성인 정화가 가장 많은 일수를 담당하고 있으므로 오화는 음의 성질을 가지게 됩니다.

◉ 미토未土
목(木)의 고지(庫地)

지장간	丁9 乙3 己18
띠	양
월	음력 6월(양력 7월)
시간	13:30 ~ 15:30
계절	여름과 가을의 환절기
성질	陰
절기	소서 ~ 입추

오월에서 정화의 기운이 남아 초기에 진입되어 있는 것을 발견할 수 있으며, 습기가 없어 보이는 마른 토양의 형태를 가지고 있습니다. 무더운 여름의 건조한 토양으로 땅으로 서는 그 생명력이 점차 사라지는 시기입니다.

음의 속성인 기토가 가장 많으므로 미토는 음의 성질을 가지게 됩니다.

● 신금申金
수(水)의 생지(生地)

지장간	戊7 壬7 庚16
띠	원숭이
월	음력 7월(양력 8월)
시간	15:30 ~ 17:30
계절	초가을
성질	陽
절기	입추 ~ 백로

가을은 결실의 계절이며, 나무들은 열매라는 기운을 만들어내어 결과를 보는 시기입니다. 우리가 눈으로 볼 때는 나무들이 자신의 자태를 뽐내며 자랑하는 듯하지만 사실 속내는 그렇지 못합니다. 죽어가고 있는 것입니다.

음양론에서 알 수 있듯이 가장 높이 올라갔을 때 추락하기 시작하고, 태양이 강렬하게 비출수록 그림자는 더욱더 짙게 드리워집니다. 옛말에 달도 차면 기우는 법, 꽉 차서 만월인 보름달은 서서히 그 자태가 사라지며 더 이상 발전의 기세는 없는 것입니다.

오행의 생극제화에서 금극목(金剋木)의 관계가 성립되므로 금기(金氣)가 지배하기 시작하는 신월(申月)에는 나무들이 이미 죽어가고 있는 이치라고 할 수가 있습니다.

양의 속성인 경금이 가장 많이 포함되어 있으므로 신금은 양의 속성을 가지게 됩니다.

◉ 유금酉金
금(金)의 왕지(旺地)

지장간	庚10 辛20
띠	닭
월	음력 8월(양력 9월)
시간	17:30 ~ 19:30
계절	늦가을
성질	陰
절기	백로 ~ 한로

　지장간을 보면 신월의 경금의 기운이 남아서 유월(酉月) 초기에 진입되어 있으며 금기(金氣)로 똘똘 뭉친 점을 알 수 있습니다. 유금은 그야말로 금의 결정체로서 그 단단함을 엿볼 수 있습니다. 유금은 이처럼 어떠한 충격을 받아도 쉽게 부서지지 않는다는 것을 알 수 있습니다.

　음의 속성인 신금이 가장 많으므로 유금은 음의 성질을 가지게 됩니다.

◎ 술토戌土
화(火)의 고지(庫地)

지장간	辛7 丁7 戊16
띠	개
월	음력 9월(양력 10월)
시간	19:30 ~ 21:30
계절	가을과 겨울의 환절기
성질	陽
절기	한로 ~ 입동

성질은 미토와 유사합니다. 습기가 없으며 매우 메마른 형태로 존재한다는 점을 알 수 있습니다. 역시 전월의 신금이 초기에 진입되어 있는 사실을 알 수가 있습니다.

토양은 본시 초목을 길러내는 것이 목적이므로 식물들이 자랄 수 있는 환경을 가지고 있는지 없는지가 가장 중요합니다. 습기가 없는 토양은 죽어가는 토양이라 정의할 수 있습니다.

양의 속성인 무토가 16일로 가장 많으므로 술토는 양의 성질을 가집니다.

○ 해수亥水
목(木)의 생지(生地)

지장간	戊7 甲7 壬16
띠	돼지
월	음력 10월(양력 11월)
시간	21:30 ~ 23:30
계절	초겨울
성질	陽
절기	입동 ~ 대설

　이제 다시 응집의 기운으로 돌아가며 인월(寅月)부터 태동하여 그 생명의 기운을 마무리하는 해월(亥月)에 오게 됩니다. 해월에 들어서면 서서히 자연의 생명체들은 움직임을 줄이기 시작하고 봄을 위해 에너지를 모으는 시기로 돌입합니다.

　양에 해당하는 임수가 가장 많이 포함되어 있으므로 해수는 양의 속성을 가지게 됩니다.

이상으로 지지에 있는 지장간과 각 지지들이 어떠한 특색을 가지고 있는지 살펴보았습니다. 여기서 중요한 것은 각 지지들에 포함된 지장간이 어떻게 구성되어 있는지, 어떤 지장간이 가장 많이 포함되어 있는지 확인하여 해당 지지가 음양 중 어디에 속하는지 알 수 있어야 한다는 것입니다.

지금까지 여러분들이 해왔던 학습은 천간과 지지가 음양 중 어디에 속하는지 구분하는 훈련을 하기 위한 과정이라고 생각하시면 됩니다.

차후 진행되는 학습에서 음양의 성질이 어떻게 구분되는지 바로바로 알 수 없다면 상당히 답답함을 느끼실 것입니다. 직접 펜으로 많이 써보고 구분 짓는 훈련을 게을리하지 말아야 합니다.

지지는 쉽게 말하자면 가장 마지막에 들어 있는 본기(本氣)가 그 지지의 음양을 대표합니다. 지지의 음양을 구분하는 것은 천간처럼 음양이 반복되는 패턴이 아니어서 혼란스러웠을 겁니다.

지지의 음양을 구분하는 방법은 지장간에서 요점을 찾을 수 있습니다. 지지에 들어 있는 지장간들 중에 가장 많이 차지하고 있는 천간이 지지의 음양을 결정짓게 됩니다.

예를 들어 자수의 지장간을 보면 임수가 10일, 계수가 20일을 담당하고 있으니, 임수보다 계수가 더 많이 들어 있습니다. 계수의 성질은 음에 속하니 위에서 말한 방법대로 생각한다면 자수는 음수가 되는 이치입니다.

진토는 을목 9일, 계수 3일, 무토 18일입니다. 무토의 기운이 가장 많다는 것을 알 수 있습니다. 그렇다면 무토는 음양의 속성 중 양에 해당하므로 진토는 양토가 되는 것입니다.

지지를 나열하고 지장간을 직접 써보는 학습을 권합니다. 손에 익히면 계속해서 앞 페이지를 뒤져보는 일이 줄어들 것입니다.

외워야 할 것

생지(生地)클럽	인신사해(寅申巳亥)	7일, 7일, 16일
왕지(旺地)클럽	자오묘유(子午卯酉)	10일, 20일
고지(庫地)클럽	진술축미(辰戌丑未)	9일, 3일, 18일

| 지장간표 |

지지 (地支)	자 (子)	축 (丑)	인 (寅)	묘 (卯)	진 (辰)	사 (巳)	오 (午)	미 (未)	신 (申)	유 (酉)	술 (戌)	해 (亥)
초기	임 (壬)	계 (癸)	무 (戊)	갑 (甲)	을 (乙)	무 (戊)	병 (丙)	정 (丁)	무 (戊)	경 (庚)	신 (辛)	무 (戊)
중기		신 (辛)	병 (丙)		계 (癸)	경 (庚)	기 (己)	을 (乙)	임 (壬)		정 (丁)	갑 (甲)
정기	계 (癸)	기 (己)	갑 (甲)	을 (乙)	무 (戊)	병 (丙)	정 (丁)	기 (己)	경 (庚)	신 (辛)	무 (戊)	임 (壬)

전선생의 사주카페

족발 가게 사장으로 대박 난 여인

時	日	月	年	(여, 56세)
癸	甲	丁	辛	
酉	辰	酉	巳丑	

전 선 생
T I P

巳는 보이지 않는 글
자, 허자라고 합니다.
허자는 차후에 배우
므로 여기서는 넘어
갑니다.

일 년에 두 번 정도 찾아와서 신세 한탄을 하던 여성이 있었습니다. 그 여성은 당시 첩 아닌 첩으로 살고 있었습니다. 이혼하고 한 남자와 그 부모를 모시고 살고 있었는데, 함께 살고 있는 남자는 전처와 이혼하지 않은 상태였습니다. 남편은 대학교수로 겨우 생활비 정도 보태주는 정도였고, 본인도 유방암 수술을 하여 몸도 마음도 피폐해진 상태였습니다.

2012년 봄 임진년 진유합금으로 새로운 관(官)이 만들어짐으로 추론하자면 새로운 관, 즉 직장 혹은 남자가 생긴다는 의미입니다. 남자는 있으니 가게가 새로 나오면 임대하여 먹는 장사를 시작하라고 상담해주었습니다.

그리고 6월쯤 전화가 와서 장사를 물어보니 대박이 났다

더군요. 그해 4월쯤 살고 있던 파주 공업단지 앞 상가에 5평 정도의 가게가 새로 나와서 무슨 장사를 할까 고민하다 저와 상담한 대로 먹는 장사를 하기로 하고, 본인은 근처 족발 가게에서 일주일을 일하면서 족발 장사를 준비했답니다. 파주 공업단지에는 공장 노동자들이 24시간 교대로 근무하는데 마땅히 갈 데가 없는 관계로 손님들이 쉴 틈 없이 몰려들어 결국 남편은 학교를 그만두고 카운터에서 돈이나 세고 있고, 1년 만에 가게도 두 배로 넓히고 직원도 10명으로 늘어났다는 것입니다. 현재 바쁘기는 하지만 여유를 가지고 잘 살고 있습니다.

저번 에피소드에서도 이야기했지만 옛날에는 여성에게 관이 많으면 기생 팔자라 하여 좋지 않게 보는 경향이 있었습니다. 현대에서는 내가 머리를 숙이고 반갑게 맞아들이는 것도 일종의 관입니다. 내게 돈을 벌게 해주고 손님들에게 고개를 숙이는 것도 어쩌면 현대사회의 개념으로 볼 때 일종의 관입니다. 관과 재성이 합을 하고 식상정화는 유금생지에 내려오니 식상화를 통해 유금을 끓이는 일을 합니다. 자연스럽게 솥에 무언가를 넣고 끓이는 직업이 됩니다. 먹는 장사 중에 끓이는 것, 그렇게 따지고 보면 먹는 장사 중에 끓이지 않는 장사가 없군요.

4장

명식命式
작성법

◉ 명식命式
작성법

사주학을 공부하기 위해서는 연월일시(年月日時)를 육십갑자(六十甲子)로 변환시키는 작업이 필요합니다. 이 작업에 빠져서는 안 되는 것이 한 가지 있는데, 바로 만세력(萬歲曆)이라는 책입니다.

만세력은 매년, 매월, 매일의 일진(日辰)을 기록한 일종의 명리학 달력이라고 보면 됩니다. 서점에 가보면 역학 관련 분야에 만세력과 관련된 책을 많이 찾아볼 수 있습니다. 요즘에는 스마트폰의 보급으로 생활이 참으로 편리해졌습니다. 인터넷에서 역학 관련 앱을 찾을 수 있는데 앱에 연월일시만 입력하면 알아서 계산해주니 아주 편리하지요.

일단 사주 작성법에 대해서 알아보기 전에 간략하게 사주의 기본적인 용어들을 살펴볼 필요가 있습니다. 흔히 사람들은 사주팔자(四柱八字)라고들 하는데 왜 사주학을 속칭 사주팔자라고 부르는지 행여 모르는 학습자들을 위해 간략하게 살펴보겠습니다.

사주(四柱)는 넉 사(四)에 기둥 주(柱), 즉 네 가지 기둥으로 이루어졌다는 뜻입니다. 팔자(八字)는 말 그대로 여덟 가지 글자라는 뜻이지요. 여덟 글자로 이루어진 네 가지 기둥이란 뜻입니다. 사주를 풀기 위해서는 의뢰인의 생년월일시(生年月日時)가 필요합니다. 이 네 가지를 육십갑자로 변환하여 사주학적 도표를 만들게 되는데, 이 도표를 명식(命式)이라고 부릅니다.

위와 같이 표기하니 네 가지의 기둥이 나옵니다. 이렇게 일 주(柱)씩 모두 사 주, 그래서 사주(四柱)라는 명칭이 붙여지게 된 것입니다.

그리고 사주는 여덟 가지 글자의 조합이므로 한 개의 주마다 글자가 두 개씩 배당됩니다. 아주 알기 쉽게 수학적 공식으로 표기해 보면 다음과 같습니다.

$$4(柱) \times 2(字) = 8(字)$$

◎ 명식命式에서 부르는 명칭

태어난 연도의 천간과 그 밑의 지지를 보고 한 기둥, 즉 일 주라고 칭하는데 연월일시의 네 가지 기둥 중 연(年)만 따로 부르는 것을 연주(年柱)라고 합니다.

연주에 있는 천간을 연간(年干), 연주에 있는 지지를 연지(年支)라칭합니다. 이렇게 연간과 연지를 합쳐서 연주라 칭합니다. 그렇다면 월만 따로 부르는 것은 월주(月柱)가 되겠지요? 이어지는 방법을 참고하여 다음 날짜를 연습 삼아 사주를 작성해보겠습니다.

성명 : A씨	연월일시 : (양력) 2016년 8월 27일 아침 11시
성별 : 여성	(음력) 2016년 7월 5일 아침 11시

◎ 연주年柱
세우는 방법

연주(年柱)는 태어난 해의 간지(干支)로 정합니다. 예로 2015년에 태어난 사람의 연주(年柱)는 을미(乙未)이며, 2016년에 태어난 사람은 갑신(丙申), 2017년에 태어난 사람은 정유(丁酉)입니다.

여기서 주의해야 할 점은 사주학은 절기(節氣)를 채용하므로 양력 1월 1일이나 음력 1월 1일이 간지(干支)가 바뀌는 시점이 아니라는 것입니다. 즉 입춘(立春)이 지나야 당해 간지(干支)를 쓸 수 있는데, 예로 2016년에 입춘(立春)은 양력 2월 4일(음력 12월 26일) 18시 48분으로 양력 2004년 2월 4일 15시 54분에 태어났다고 하면 연주는 전년도의 을미(乙未)가 되는 것이지 갑신(丙申)이 아닙니다.

이와 같은 이유로 입춘(立春) 절입(節入) 전까지는 전년의 간지(干支)를 사용하여야 하며 입춘(立春) 절입(節入)이 지나야 신(新)년도의 간지(干支)를 사용하게 되는 것입니다.

다음과 같은 방법으로 태어난 연도(年度)와 띠를 가지고 연주(年柱)를 세울 수 있습니다.

천간의 구성은 甲, 乙, 丙, 丁, 戊, 己, 庚, 辛, 壬, 癸로 10가지이며

10년 단위로 같은 글자가 온다는 것을 알 수 있습니다.

2015년은 을미(乙未)년으로 천간(天干)은 을(乙)이고 10년 전인 2005년도 을유(乙酉)년으로 을(乙)이며, 10년 후인 2025년도 을사(乙巳)년으로 을(乙)이 됩니다. 즉 태어난 연도(年度)의 끝자리가 5이면 천간(天干)은 항상 을(乙)이 되는 것 입니다.

갑(甲)	을(乙)	병(丙)	정(丁)	무(戊)	기(己)	경(庚)	신(申)	임(壬)	계(癸)
4	5	6	7	8	9	0	1	2	3

다음으로 지지(地支)는 '띠'라고 하는 열두 동물이 배속되어 있는데 누구나 자신의 띠는 알고 있을 것입니다. 가령 1969년에 태어났고 닭띠의 경우 해당 간지(干支)는 연도 끝자리인 9가 천간(天干)의 기(己)에 해당되고, 닭띠는 지지(地支) 중 유(酉)에 해당됩니다. 즉 기유(己酉)생이라는 것을 쉽게 알 수 있습니다.

전 선 생
T I P
2003년 양띠이면 끝자리가 3에 해당하는 천간 중 계(癸), 양에 해당하는 지지의 미(未)로 계미(癸未)년이 됩니다.

자(子)	축(丑)	인(寅)	묘(卯)	진(辰)	사(巳)	오(午)	미(未)	신(申)	유(酉)	술(戌)	해(亥)
쥐	소	호랑이	토끼	용	뱀	말	양	원숭이	닭	개	돼지

◉ 월주月柱
세우는 방법

　월주(月柱)는 연주(年柱)를 세우고 난 후 태어난 생월(生月)의 간지(干支)를 기록하게 됩니다. 만세력을 살펴보면 월(月)의 지지는 고정되어 있다는 것을 알 수 있는데 양력 2월은 인(寅), 3월은 묘(卯), 4월은 진(辰), 5월은 사(巳), 6월은 오(午), 7월은 미(未), 8월은 신(申), 9월은 유(酉), 10월은 술(戌), 11월은 해(亥), 12월은 자(子), 1월은 축(丑)으로 월의 천간(天干)만 변함을 알 수 있습니다.

月 (양력)	2月	3月	4月	5月	6月	7月	8月	9月	10月	11月	12月	1月
지 지 (地支)	인 (寅)	묘 (卯)	진 (辰)	사 (巳)	오 (午)	미 (未)	신 (申)	유 (酉)	술 (戌)	해 (亥)	자 (子)	축 (丑)

　역시 주의할 점은 매월 양력 1일이나 음력 1일을 기준으로 하는 것이 아니라 절입일(節入日)을 잘 살펴야 하는데 입춘(立春)이 지나야 태세의 첫 달인 인월(寅月)이며 경칩(驚蟄) 이후는 묘월(卯月), 청명(淸

明)은 진(辰), 입하(立夏)는 사(巳), 망종(芒種)은 오(午), 소서(小暑)는 미(未), 입추(立秋)는 신(申), 백로(白露)는 유(酉), 한로(寒露)는 술(戌), 입동(立冬)은 해(亥), 대설(大雪)은 자(子), 소한(小寒)는 축월(丑月)이 됩니다.

명리학에서는 절기력을 사용합니다. 매월마다 특별한 경우가 아닌 이상 보름 간격으로 절기가 두 번 찾아오게 되는데 바로 첫 절기가 지난 후부터 해당 월의 절기로 진입하는 것으로 적용합니다.

가령 2016년 양력 3월은 신묘(辛卯)월이고 경칩(驚蟄)은 양력 3월 5일 12시 41분이므로 이 시간이 지나야 신묘(辛卯)월로 넘어가게 되는 것입니다. 즉 3월 4일에 태어났으면 월주(月柱)는 경인(庚寅)이 됩니다.

대개 양력 4, 5, 6일에 변하나 정확한 절입(節入)일은 만세력(萬歲曆)을 참조해야 알 수 있습니다.

지지는 12개로 한해 12월의 지지(地支)는 항상 고정적이나 월(月)의 간(干)이 변한다고 했는데 이것도 규칙적인 법칙성을 가지고 있으므로 간단한 공식으로 유추할 수 있습니다. 그러나 한 가지 태어난 연주(年柱)의 천간(天干)을 반드시 알고 있어야 합니다.

천간(天干)의 오합(五合)

갑기지년(甲己之年) 병인두(丙寅頭) - 甲己合化 土

을경지년(乙庚之年) 무인두(戊寅頭) - 乙庚合化 金

병신지년(丙辛之年) 경인두(庚寅頭) - 丙辛合化 水

정임지년(丁壬之年) 임인두(壬寅頭) - 丁壬合化 木

무계지년(戊癸之年) 갑인두(甲寅頭) – 戊癸合化 火

이것이 무슨 말인가 하면, 태어난 연도가 가령 갑년 또는 기년에 해당한다면 그 해당 연에는 월주가 병인으로 시작한다는 말입니다.

위의 법칙으로 2004년 갑신(甲申)년의 경우 입춘(立春)이 병인(丙寅)월부터 시작되고 그 전년인 계미(癸未)년은 갑인(甲寅)월부터 시작되는 것을 알 수 있습니다.

굳이 상기의 법칙을 외우지 않더라도 천간의 합을 알고 있다면 쉽게 해결될 수 있습니다.

갑기(甲己)합	토(土), 토를 생(生)하는 양의 성질 병화(丙火)가 천간으로 오게 되며 매해 입춘은 인(寅)으로 시작하므로 이를 조합하면 병인(丙寅)월부터 시작됩니다.
을경(乙庚)합	금(金), 금을 생(生)하는 양의 성질 무토(戊土)가 천간으로 오게 되며 매해 입춘은 인(寅)으로 시작하므로 이를 조합하면 무인(戊寅)월부터 시작됩니다.
병신(丙辛)합	수(水), 수를 생(生)하는 양의 성질 경금(庚金)이 천간으로 오게 되며 매해 입춘은 인(寅)으로 시작하므로 이를 조합하면 경인(庚寅)월부터 시작됩니다.
정임(丁壬)합	목(木), 목을 생(生)하는 양의 성질 임수(壬水)가 천간으로 오게 되며 매해 입춘은 인(寅)으로 시작하므로 이를 조합하면 임인(壬寅)월부터 시작됩니다.
무계(戊癸)합	화(火), 이를 생(生)하는 양의 성질 갑목(甲木)이 천간으로 오게 되며 매해 입춘은 인(寅)으로 시작하므로 이를 조합하면 갑인(甲寅)월부터 시작됩니다.

◉ 일주日柱
세우는 방법

　　일주(日柱)는 월주(月柱)와 같이 절입(節入)과 관련된 것이 아니고 출생한 날의 일진(日辰)이 그 사람의 일주(日柱)가 됩니다. 만세력을 찾아서 해당 일에 일진을 그대로 적용시키면 됩니다. 양력 2016년 8월 27일의 일진은 신사(辛巳)가 됩니다.

　　여기서 주의해야 할 점은 명리학에서 바라보는 하루의 시작은 현대에서 사용하는 자정 12시가 아니고 밤 11시 30분이므로 이를 주의해서 적용시켜야 합니다.

　　예를 들어 2016년 8월 27일은 신사일이지만, 2016년 8월 27일 밤 11시 30분 이후부터는 다음 날로 적용시켜야 합니다.

◉ 시주時柱
세우는 방법

지지	자시 子時	축시 丑時	인시 寅時	묘시 卯時	진시 辰時	사시 巳時	오시 午時	미시 未時	신시 申時	유시 酉時	술시 戌時	해시 亥時
시간	23: 30 ~ 01: 30	01: 30 ~ 03: 30	03: 30 ~ 05: 30	05: 30 ~ 07: 30	07: 30 ~ 09: 30	09: 30 ~ 11: 30	11: 30 ~ 13: 30	13: 30 ~ 15: 30	15: 30 ~ 17: 30	17: 30 ~ 19: 30	19: 30 ~ 21: 30	21: 30 ~ 23: 30

일주(日柱)가 세워진 후 출생한 시간(時干)에 따라 시주(時柱)를 세우게 됩니다. 하루 24시간이 지지에 2시간씩 배열되어 있으며 월주(月柱)와 같이 시지(時支)는 고정되어 있으나 시간(時干)은 일간(日干)에 따라 변하게 됩니다.

만세력(萬歲曆)을 보면 시간지조견표(時干支早見表)가 있으나 굳이 보지 않더라도 태어난 시간(時間)과 일간(日干)을 알면 구할 수 있습니다.

전 선 생
T I P

시(時)는 월(月)과 달리 인(寅)으로 시작하는 것이 아니라 자(子)부터 시작합니다!

갑기(甲己)일은 갑자(甲子)시부터, 을경(乙庚)일은 병자(丙子)시부터, 병신(丙辛)일은 무자(戊子)시부터, 정임(丁壬)일은 경자(庚子)시부터, 무계(戊癸)일은 임자(壬子)시부터, 갑인(甲寅) 일주는 갑자(甲子)시부터 시작되므로 새벽 4시에 태어났다면 시지는 인(寅)시이고 시주(時柱)의 천간은 위 법칙에 의해 갑자(甲子)시부터 시작되니 갑자(甲子), 을축(乙丑), 병인(丙寅)으로 인(寅)시까지 세어나가면 시주(時柱)가 병인(丙寅)이 됨을 알 수 있습니다.

위의 법칙도 외우지 않더라도 간합(干合)을 적용하면 쉽게 해결할 수 있습니다.

갑기(甲己)합	토(土), 이를 극(剋)하는 양의 성질 갑목(甲木)이 천간으로 갑자(甲子)시부터 시작합니다.
을경(乙庚)합	금(金), 이를 극(剋)하는 양의 성질 병화(丙火)가 천간으로 병자(丙子)시부터 시작합니다.
병신(丙辛)합	수(水), 이를 극(剋)하는 양의 성질 무토(戊土)가 천간으로 무자(戊子)시부터 시작합니다.
정임(丁壬)합	목(木), 이를 극(剋)하는 양의 성질 경금(庚金)이 천간으로 경자(庚子)시부터 시작합니다.
무계(戊癸)합	화(火), 이를 극(剋)하는 양의 성질 임수(壬水)가 천간으로 임자(壬子)시부터 시작합니다.

경(庚)일간이 새벽 4시에 출생했다고 하면 먼저 고정된 시지(時支)는 인(寅)시임을 알 수 있고 시간(時干)만 구하면 되는데 을경(乙庚)합

은 금(金)으로, 이 금(金)을 극(剋)하는 오행(五行)은 화(火)가 되며 양
화(陽火)인 병(丙)이 천간이 되어 병자(丙子)시부터 시작됨을 알 수 있
습니다. 병자(丙子), 정축(丁丑), 무인(戊寅) 순으로 인(寅)시까지 세어나
가면 시주(時柱)가 무인(戊寅)이 됨을 알 수 있습니다.

◉ 대운大運
세우는 방법

대운(大運)은 십 년간 운(運)의 큰 흐름으로 전반적인 삶의 방향, 행보 등을 나타내는 환경을 의미합니다. 더불어 중요한 역할이 있는데 동물(動物)로 용(用)의 쓰임을 하나 사주와 같이 정물(情物)인 체(體)의 역할을 동시에 하고 있어 사주의 원국에서 부족한 성분을 보족해 조후(調候)를 이루어 격(格)을 상승시키는 매우 중요한 역할을 합니다.

대운(大運)은 출생한 연주의 음양에 따라 월주를 기준으로 순행(順行)과 역행(逆行)을 하게 되는데 양남음녀는 순행(順行), 음남양녀는 역행(逆行)으로 암기하면 됩니다.

즉 연주가 양이면 남자의 경우 월주에서부터 순행(順行)의 육십갑자로 배열되고 여자의 경우라면 역행(逆行)을 하게 됩니다. 다음 사주로 예를 들어보겠습니다.

時	日	月	年
丙	乙	丙	甲
戌	亥	寅	申

위의 사주가 남자라면 갑목(甲木)은 양간(陽干)으로 월주(月柱)인 병인(丙寅)을 기준으로 순행(順行)하게 되니, 병인(丙寅)부터 차례로 정묘(丁卯), 무진(戊辰), 기사(己巳)순으로 배열됩니다.

甲	癸	壬	辛	庚	己	戊	丁
戌	酉	申	未	午	巳	辰	卯

여자의 경우는 갑목(甲木)이 양간(陽干)이니 음남양녀는 역행(逆行)으로 월주(月柱)인 병인(丙寅)부터 육십갑자가 거꾸로 역행하여 을축(乙丑), 갑자(甲子), 계해(癸亥)순이 됩니다.

戊	己	庚	辛	壬	癸	甲	乙
午	未	申	酉	戌	亥	子	丑

대운(大運)수를 뽑는 법은 만세력을 보면 남과 여로 분리되어 나와 있으나 직접 뽑으려면 계산이 필요합니다. 양남음녀인 사람은 대운(大運)이 순행(順行)하므로 출생일로부터 다가오는 절입(節入)까지 날짜를 세어서 3으로 나누어진 수가 대운(大運)의 수이고 음남양녀의 사람은 대운(大運)이 역행하므로 출생일로부터 지나온 절입(節入)까지 날짜를 세어서 3으로 나누어진 수가 대운(大運)수가 됩니다.

만약 3으로 나누어지고 1이 남으면 버리고 2가 남으면 대운의 수에 1을 더합니다. 예를 들어 출생일로부터 절입(節入)까지 25일이 나왔다면 25를 3으로 나누어 8이 나오고 1이 남았으므로 나머지 1을 버리고 대운(大運)수는 8이 됩니다.

양력 2016년 8월 27일 11시에 태어난 여성 A 씨의 사주는 다음과 같습니다.

時	日	月	年
癸	辛	丙	丙
巳	巳	申	申

77	67	57	47	37	27	17	7	
戊	己	庚	辛	壬	癸	甲	乙	大
子	丑	寅	卯	辰	巳	午	未	運

양력 2016년 8월 27일 11시에 태어난 남자의 사주는 명조는 그대로이며 대운만 바뀌게 됩니다.

時	日	月	年
癸	辛	丙	丙
巳	巳	申	申

74	64	54	44	34	24	14	4

甲 癸 壬 辛 庚 己 戊 丁 大
辰 卯 寅 丑 子 亥 戌 酉 運

◉ 이理와
기氣

　한 가지 물질에는 겉으로 드러나는 기운이 있고 내제된 기운이 있습니다. 겉으로 드러나는 속성을 이(理)라 하고 내재된 속성을 기(氣)라고 합니다. 이(理)는 물질의 본질을 의미하는데 보이는 모든 물체가 정(靜)적인 상태에서는 자기 스스로 변화하지 못합니다. 동(動)적인 요인인 어떤 에너지, 즉 기(氣)에 의해서 변화하는 것이지요. 물질을 이루고 있는 이(理)를 변화(變化)시키는 것은 에너지인 기(氣)인 것입니다. 기(氣)는 두 가지 성질인 음과 양을 내포하고 있으므로 이(理)는 에너지의 작용에 의해서 음과 양의 형태로 변화합니다. 즉 사람이란 물(物)이 기(氣)의 흐름에 의해 생과 사로 변화합니다. 사주에서 이(理)는 물질인 천간의 형태로 나타나고 기(氣)는 지(支)로 변화합니다. 물질을 변화시키는 시간 개념의 기(氣)는 사주에서 지(支)로 나타납니다.

　간(干)은 어떠한 지(地)의 만남으로 생로병사가 이루어집니다. 지의 시간적 개념은 계절과 근묘화실로써의 계절로 인한 타간과의 희기변화와, 근묘화실로의 시점의 변화를 나타냅니다.

이(理)

- 물질의 본질을 의미합니다.
- 이(理)는 공(空)의 본질적 바탕입니다.
- 우주 공간은 수많은 물질로 가득 차 있습니다. 그 우주 공간을 형성하고 있는 물질의 근본을 이(理)라고 합니다.
- 이(理)란 우주계(宇宙界)와 자연계(自然系)에 가득한 만유만물(萬有萬物)의 본질을 의미합니다.
- 보이는 모든 물체는 자기 스스로 변화하지 못합니다. 외부의 어떤 에너지, 즉 기(氣)에 의해서 변화할 뿐입니다.
- 물체를 이루는 물질의 근본인 이(理)를 운행하고 변화시키는 것은 외부의 에너지인 기(氣)인 것입니다.

기(氣)

- 이(理)를 운행하고 변화시키는 외부 에너지의 근본을 의미합니다.
- 이(理)가 그 본질을 이루고 있는 물질과 물체는 외부의 어떤 에너지에 의해서 운행하고 변화한다고 하였습니다. 그 외부 에너지(어떤 힘, 파워)의 근본을 기(氣)라고 합니다.
- 기(氣)란 외부 에너지인 어떤 힘을 상징하는 명칭이니, 기(氣)는 모든 에너지의 근본인 것입니다.
- 이(理)가 본질인 물체는 기(氣)인 외부의 어떤 에너지의 작용(作

用)에 의해서 전혀 상반된 형태, 즉 음(陰)과 양(陽)의 형태로 변
화합니다.

• 기(氣)는 전혀 상반된 음과 양의 두 가지 성질을 보유하고 있는
것입니다.

이(理)와 천간(天干)

• 공간을 이루고 있는 물질의 변화된 형태는 사주에서 천간으로
나타납니다.

• 천간은 이(理)의 개념을 나타내고 있는 것입니다.

• 명의 모든 천간은 이(理)의 개념, 즉 물질과 물체의 개념을 가
지고 있습니다.

• 기(氣)의 성질 작용에 의해서 변화된 이(理)의 형태는 천간으로
나타나는 것입니다.

• 물체는 천간으로 드러나 십신(十神)으로 관계합니다.

• 기(氣)의 두 가지 다른 음양의 성질에 의해 각기 다르게 변화
된 형체의 물질과 물체는 천간으로 나타나 타 천간과 십신으
로 관계하게 되는 것입니다.

기(氣)와 지지(地支)

• 물질을 운행하고 변화시키는 시간 선상의 기(氣)는 사주에서

지지로 나타납니다.

- 천명의 모든 지지는 기(氣)와 시간의 개념, 즉 에너지의 개념을 가지고 있습니다.
- 에너지와 시간과 공간의 개념이니 기(氣)요, 공(空)이요, 상(像)입니다.
- 눈에 보이는 물체는 체(體)요, 보이지 않는 것은 기(氣)입니다. 물(物)은 색(色)이요, 이(理)는 공(空)이며, 물(物)은 형(形)이요, 이(理)는 상(像)인 것입니다.
- 이(理)의 형태를 변화시키는 기(氣)의 성질 작용은 지지로 나타납니다.
- 삼라만상을 순환시키고 운행케 하고 변화시키는 것은 바로 기(氣)의 성질 작용인 것입니다.
- 삼라만상은 끊임없이 시간의 흐름 속에서 기(氣)의 성질 작용에 의해 끊임없이 순환하고 운행하며 변화하여 그 모습을 바꾸어갑니다. 천간은 지지와 십이운성(十二運星)으로 관계합니다.

전선생의 사주카페

이민 가고 싶은 남자

時	日	月	年	(남, 42세)
辛	丁	癸	乙	
丑	巳	未	卯	

　　42세 남성으로 현재 이분의 가장 큰 고민은 이민입니다. 회사원으로 살고 있는 자신이 2016년 병신년에 이민을 갈 수 있는지 알고 싶다고 찾아왔습니다. 이미 1년 전부터 차근차근 이민 준비를 해오고 있으며, 목표로 한 이민국인 뉴질랜드도 다녀왔다고 하더군요. 그런데 2016년에 인신충, 형을 맞으면서 재성의 방해로 추진하던 일을 방해받는 사주였습니다. 2016년 가을 전이면 가능할 것도 같은데 가을로 접어들면 못 갈 수도 있겠다 하였습니다.

　　최근에 한국에 있는 그를 다시 만날 기회가 있었습니다. 아직 이민을 가지 못한 것입니다. 회사까지 그만두고 왜 이민을 못 갔냐고 물어보니 아내가 뉴질랜드에서 캐나다로 이민국을 바꿨다고 합니다. 그전에 이미 뉴질랜드로 답사도 가지 않았느냐고 물었더니, 애초 아내는 캐나다를 생각하고 있었는데 가려고 하는 지역이 너무 추워서 본인이 반대를 했다는 겁니다. 하지만 요즘 계속해서 뉴질랜드에서 지진이 일어나고 있는 데다가, 아내가 유학 비자를 받아서 갈 것이기 때문에 뉴질랜드는 선택할 만한 학과가 적다는 이유에서 다시 캐나다로 이민국을 바꿨다고 합니다.

또한 캐나다 이민을 가기 위한 영어 시험 합격선이 최근에 더 높아져서 작년에 땄던 영어 점수로는 갈 수가 없고 다시 시험을 봐야 한다고 했습니다. 현재 아내는 유학 준비를 하고 있고 자신은 기술을 배우고 있다고 하더군요. 그러면서 언제쯤 이민을 갈 수 있겠냐고 물어왔습니다. 2017년 정유년 운을 봤더니 정화가 천간에 임수를 끌어 오면서 관운이 들어오고, 유금이 연지 묘와 충을 하면서 인성인 묘목과 미토를 쓸 수 있게 되지만, 유금은 깨져서 준비하고 있는 일(을목) 하나를 날리게 생겼습니다.

내년 봄에 새로운 직장을 구하겠다고 말했더니 안 그래도 얼마 전에 처형이 생활비도 많이 드는데 자기 일 좀 도와주면 좋겠다고 제안을 해왔다는 겁니다. 유금이면 처의 형제니 사주에 딱 들어맞는 형국이었습니다.

2018년 무술년이 되면 무계합화로 관을 가져가고, 술미형, 축술형이 일어나면서 힘들겠지만 하고자 하는 일을 할 수 있을 것 같습니다.

5장

십성十星

◉ 십성十星

각 오행(五行)은 반드시 다른 오행과의 관계 속에서 존재할 수 있습니다. 그 관계의 움직임을 음양(陰陽)으로 구분한 것을 십성(十星)이라고 합니다. 십성(十星)은 비견(比肩) · 겁재(劫財) · 정인(正印) · 편인(偏印) · 식신(食神) · 상관(傷官) · 정관(正官) · 편관(偏官) · 정재(正財) · 편재(偏財)로 열 가지가 있습니다.

나와 五行이 같고 陰陽이 같으면 비견(比肩)	이 둘을 합쳐서 비겁(比劫), 또는 견겁(肩劫)이라 칭합니다.
나와 五行이 같고 陰陽이 다르면 겁재(劫財)	
나를 生해주고 陰陽이 같으면 편인(偏印)	이 둘을 합쳐서 인성(印星)이라 칭합니다.
나를 生해주고 陰陽이 다르면 정인(正印)	
내가 生해주고 陰陽이 같으면 식신(食神)	이 둘을 합쳐서 식상(食傷)이라 칭합니다.
내가 生해주고 陰陽이 다르면 상관(傷官)	
나를 훼하고 陰陽이 같으면 편관(偏官)	이 둘을 합쳐서 관성(官星)이라 칭합니다.
나를 훼하고 陰陽이 다르면 정관(正官)	

내가 剋하고 陰陽이 같으면 편재(偏財)	이 둘을 합쳐서 재성(財星)이라
내가 剋하고 陰陽이 다르면 정재(正財)	칭합니다.

그래서 십성(十星), 즉 열 개의 별입니다. 십성은 나(日干)를 기준으로 적용합니다.

갑목(甲木)의 경우를 가지고 십성이 어떻게 분류되는지 살펴보겠습니다. 타 오행으로 꼭 응용 복습을 하길 바랍니다.

비겁(比劫)

나와 五行이 같고 陰陽이 같으면 비견(比肩) → 갑목(甲木)에게 오행이 같은 것은 천간에서 갑목(甲木)과 을목(乙木), 지지에서는 인목(寅木)과 묘목(卯木)이 있습니다.

갑목(甲木)의 비견(比肩)이 될 수 있는 후보자들은 갑목(甲木), 을목(乙木), 인목(寅木), 묘목(卯木)이나 비견(比肩)이 되려면 음양이 같아야 합니다.

갑목(甲木), 을목(乙木), 인목(寅木), 묘목(卯木)의 음양을 구분해봅니다.

갑목(甲木) = 양목(陽木)

을목(乙木) = 음목(陰木)

인목(寅木) = 양목(陽木)

묘목(卯木) = 음목(陰木)

위 후보자 중 위에서 말한 비견(比肩)에 해당하는 글자는 갑목(甲木)과 인목(寅木)이 비견(比肩)에 해당합니다.

나와 五行이 같고 陰陽이 다르면 겁재(劫財) → 갑목(甲木)에게 오행이 같은 것은 천간에서 갑목(甲木)과 을목(乙木), 지지에서는 인목(寅木)과 묘목(卯木)이 있습니다.

갑목(甲木)의 겁재(劫財)가 될 수 있는 후보자들은 갑목(甲木), 을목(乙木), 인목(寅木), 묘목(卯木)입니다. 갑(甲), 을(乙), 인(寅), 묘(卯) 이 후보자 중 음양이 다른 것은 을목(乙木)과 묘목(卯木)이므로 겁재(劫財)에 해당합니다.

인성(印星)

나를 生해주고 陰陽이 같으면 편인(偏印) → 갑목(甲木)을 생(生)해주는 오행은 수생목(水生木)이므로 오행이 수에 해당하는 천간 지지들이 인성(印星)의 후보에 오를 수 있습니다.

갑목(甲木)의 편인(偏印)이 될 수 있는 후보자들로는 임수(壬水), 계수(癸水), 자수(子水), 해수(亥水)가 있고 위 후보자 중 음양이 같은 양의 성질은 임수(壬水), 해수(亥水)이므로 갑목(甲木)에게 편인(偏印)은 임수(壬水)와 해수(亥水)가 됩니다.

나를 生해주고 陰陽이 다르면 정인(正印) → 갑목(甲木)에게 편인(偏印)이 되는 후보자들을 제외한 계수(癸水)와 자수(子水)는 음양이 다르므로 정인(正印)이 됩니다.

식상(食傷)

내가 生해주고 陰陽이 같으면 식신(食神) → 목화토금수의 상생 구조에서 나무가 생(生)해주는 오행은 화이므로, 화의 성질을 가지고 있는 오행이 식신(食神)의 후보자에 오릅니다. 병화(丙火), 정화(丁火), 사화(巳火), 오화(午火)의 후보자 중 음양이 같은 것은 병화(丙火), 사화(巳火)이므로 이들이 식신(食神)이 됩니다.

내가 生해주고 陰陽이 다르면 상관(傷官) → 갑목(甲木)에게 식신(食神)이 되는 후보자들을 제외한 정화(丁火), 오화(午火)가 음양이 다르므로 상관(傷官)이 됩니다.

관성(官星)

나를 훼하고 陰陽이 같으면 편관(偏官) → 갑목(甲木)을 극(剋)하는 오행은 목토수화금의 상극 과정에서 금극목(金剋木)이므로 금에 해당하는 오행이 편관(偏官)의 후보에 오릅니다. 경금(庚金), 신금(辛金), 신금(申金), 유금(酉金) 중 음양이 같아야 편관(偏官)이 되므로, 경금(庚金), 신금(申金)이 편관(偏官)에 해당됩니다.

나를 훼하고 陰陽이 다르면 정관(正官) → 갑목(甲木)에게 편관(偏官)이 되는 후보자들을 제외한 신금(辛金), 유금(酉金)이 정관(正官)에 해당됩니다.

재성(財星)

내가 剋하고 陰陽이 같으면 편재(偏財) → 갑목(甲木)이 극(剋)하는 오행은 목극토(木剋土)이므로 토에 해당되는 오행이 재성(財星)의 후보에 오를 수 있습니다. 무토(戊土), 기토(己土), 진토(辰土), 술토(戌土), 축토(丑土), 미토(未土) 중 음양이 같아야 편재(偏財)가 되므로, 무토(戊土), 진토(辰土), 술토(戌土)가 편재(偏財)가 됩니다.

내가 剋하고 陰陽이 다르면 정재(正財) → 갑목(甲木)에게 편재(偏財)가 되는 후보자들을 제외한 기토(己土), 축토(丑土), 미토(未土)가 정재(正財)가 됩니다.

이상으로 십성(十星)의 분류법을 설명해보았습니다. 유심히 관찰하고, 독해 능력을 십분 발휘하여 구별한다면 충분히 이해가 갈 것입니다. 필히 다른 천간도 십성을 분류해서 뽑아볼 것을 당부합니다. 이제부터는 반복 학습으로 자주 쓰고 연습해야 학습 효과가 늘어나는 내용들이니 연습을 게을리하지 않기를 바랍니다.

구분	갑(甲)	을(乙)	병(丙)	정(丁)	무(戊)	기(己)	경(庚)	신(辛)	임(壬)	계(癸)
갑(甲)	비견 (比肩)	겁재 (劫財)	편인 (偏印)	정인 (正印)	편관 (偏官)	정관 (正官)	편재 (偏財)	정재 (正財)	식신 (食神)	상관 (傷官)
을(乙)	겁재 (劫財)	비견 (比肩)	정인 (正印)	편인 (偏印)	정관 (正官)	편관 (偏官)	정재 (正財)	편재 (偏財)	상관 (傷官)	식신 (食神)
병(丙)	식신 (食神)	상관 (傷官)	비견 (比肩)	겁재 (劫財)	편인 (偏印)	정인 (正印)	편관 (偏官)	정관 (正官)	편재 (偏財)	정재 (正財)
정(丁)	상관 (傷官)	식신 (食神)	겁재 (劫財)	비견 (比肩)	정인 (正印)	편인 (偏印)	정관 (正官)	편관 (偏官)	정재 (正財)	편재 (偏財)
무(戊)	편재 (偏財)	정재 (正財)	식신 (食神)	상관 (傷官)	비견 (比肩)	겁재 (劫財)	편인 (偏印)	정인 (正印)	편관 (偏官)	정관 (正官)
기(己)	정재 (正財)	편재 (偏財)	상관 (傷官)	식신 (食神)	겁재 (劫財)	비견 (比肩)	정인 (正印)	편인 (偏印)	정관 (正官)	편관 (偏官)
경(庚)	편관 (偏官)	정관 (正官)	편재 (偏財)	정재 (正財)	식신 (食神)	상관 (傷官)	비견 (比肩)	겁재 (劫財)	편인 (偏印)	정인 (正印)
신(辛)	정관 (正官)	편관 (偏官)	정재 (正財)	편재 (偏財)	상관 (傷官)	식신 (食神)	겁재 (劫財)	비견 (比肩)	정인 (正印)	편인 (偏印)
임(壬)	편인 (偏印)	정인 (正印)	편관 (偏官)	정관 (正官)	편재 (偏財)	정재 (正財)	식신 (食神)	상관 (傷官)	비견 (比肩)	겁재 (劫財)
계(癸)	정인 (正印)	편인 (偏印)	정관 (正官)	편관 (偏官)	정재 (正財)	편재 (偏財)	상관 (傷官)	식신 (食神)	겁재 (劫財)	비견 (比肩)

　십성(十星)의 분류법을 다 익혔다면 사주학의 꽃이라 할 수 있는 십성의 각 성질과 성향에 대해서 알아야 합니다. 십성은 사주학에서 가장 많이 쓰이는 재료이며, 가장 핵심적인 부분이라고 해도 과언이 아닙니다. 그러므로 십성을 분류하는 스킬과 순식간에 육친(六親)을

간파하는 습관을 키워야 합니다.

　서문에서 이야기했듯이 외울 것은 즉시 외워서 후차 외워야 할 것이 첩첩산중으로 늘어가지 않도록 학습해나가는 것이 중요합니다. 비록 처음에는 암기해서 연산하는 과정이 복잡하고 또 어려워서 학습했던 책을 꺼내볼 수는 있습니다. 허나 편리하다고 처음부터 나쁜 습관을 들이면 그것을 극복하기란 여간 힘든 것이 아님을 꼭 명심하도록 합니다.

　십성을 흔히 육친(六親) 또는 십신(十神)이라고도 하는데, 모두 비슷한 뜻이므로 다른 학습서를 볼 때 혼동할 필요는 없습니다. 다만 육친(六親)으로 칭하는 것은 인간적인 부분만 꼬집어서 십성을 다룰 때 붙이는 명칭으로 큰 의미는 없습니다.

비견(比肩) : 견줄 비(比), 어깨 견(肩)

　비견(比肩)에 속하는 현상 : 형제, 자매, 동업자 등 비교적 동률적인 관계.

　→ 한자의 뜻을 보면 '어깨를 나란히 하다', '견주어 보다'라는 뜻인데, 자신과 비슷한 성향이라 보면 됩니다. 그리해서 일간과 오행 및 음양적인 속성이 같다고 보아 비견(比肩)이라는 이름을 붙여준 듯합니다.

겁재(劫財) : 위협할 겁(劫), 재물 재(財)

겁재(劫財)에 속하는 현상 : 형제, 자매, 동업자 또는 경쟁자 등 비견(比肩)과 마찬가지로 비교적 동률적인 관계.

→ 비견(比肩)과 비슷한 속성이나 한자의 뜻을 보면, 무언가 불길한 느낌이 있습니다. 말 그대로 재물을 위협하거나 겁탈해가는 성향을 띤 녀석이 겁재(劫財)라는 글자인데, 처음 공부를 하는 초보 학습자들이 이러한 뜻에 집착을 해서 겁재(劫財)는 나쁘다고 해석하는 경향이 있습니다. 하지만 무조건 나쁘기만 한 것이 아니라 살림살이가 어려우면 형제나 자매가 도와줍니다. 겁재(劫財)는 무조건 나쁘다는 고정관념에 집착하지 않도록 주의합니다.

【 비겁(比劫)의 심화 학습 】

일간(日干)과 같은 오행의 비겁(比劫)은 자신과 동률적인 관계를 뜻하는데, 일단 사주의 명식을 열어보았을 때, 비견(比肩)과 겁재(劫財)가 중(重)하다면 그 사람은 자신의 주체성이 상당히 강하다고 볼 수 있습니다.

고집스럽고 기분파이기 십상이며 비견(比肩), 겁재(劫財)가 여럿 있어서 기신(忌神)으로 자리를 잡았을 경우 돈을 벌어도 남는 것이 없는 경우가 허다합니다.

이를 사주학 용어로 군겁쟁재(群劫爭財) 또는 군비쟁재(群比爭財)라고 칭하는데, 재물을 서로 다투는 형상이라는 뜻입니다. 오행의 상극 과정에서 비겁(比劫)은 재성(財星)을 극해므로 일간이 써먹어야 하는 재성(財星)을 서로 나눠 먹는 모습이 가히 좋지 못하니, 이렇게 작용하는 것은 당연히 보기 좋지 않은 모습일 것입니다.

군비쟁재(群比爭財)는 재를 만들 때 협력해서 만들고 그것을 나누는 과정에서 갈등의 소지가 다분하기 때문입니다. 이를 다시 해석한다면 내가 기르고 책임져야 하는 형제들이나 동료들 때문에 어깨가 무겁다는 것을 알 수 있습니다.

또한 재성(財星)은 아버지를 의미하기도 하니, 재성(財星)의 입장에서 바라보면 비겁(比劫)은 자식들을 말하므로 자식들의 등쌀에 무력해진 아버지의 형상이라고 할 수 있습니다. 허나 식상(食傷)의 성분으로 그 세력을 설기(洩氣)시켜준다면 이러한 흉의(凶意)는 감소된다는 점을 알아두기 바랍니다.

성격상 화끈하고 호탕한 모습을 가지게 하며 대인의 풍모를 갖추게 하기도 하는데, 비겁(比劫)이 중(重)한 상태에서 편재(偏財)와 함께 어우러진 사람과 같이 붙어 다니면 늘 얻어먹을 것이 많다는 점을 알 수 있습니다. 여명(女命)에게 비겁(比劫)이 중(重)하면 남성다운 모습을 볼 수 있으며, 남녀를 불문하고 비견(比肩)이 중(重)한 사주는 일종의 영웅심을 가지고 있음을 알 수 있습니다. 그만큼 자신의 에너지가 강렬하므로 연애운이 좋을 리가 만무합니다.

비겁(比劫)이 주는 성향 가운데 이 주체성이라는 점은 참으로 아쉬울 때가 있습니다. 항상 자기 본위로만 생각하고 움직이는 경향이 있으므로, 이성과 교재를 하기가 어려움이 많습니다. 독선적이거나 배려가 부족하기도 하고, 특히 여성에게 비견(比肩)이 강(强)하다면 남편을 생(生)해주는 재성(財星)이 무력하다는 암시가 있으니(재생관財生官) 남편이 잘나갈 리 만무합니다.

자신의 성향을 강렬하게 만들며, 치밀한 점이 없게 만드는 역할도 합니다. 재성(財星)을 극해(剋害)한다는 점에 주목하여 살펴보면, 나의 에너지를 소모해서 낳은 식상(食傷)은 자신의 재능이 됩니다. 그런데 그 재능의 결과물인 재성(財星)을 극해(剋害)하니 건망증이나 실수를 연발하게 만들기도 합니다.

비겁(比劫)은 또한 독립심을 키웁니다. 자신의 주체성이 강렬하고 남의 말이나 조언을 듣기가 거북할 때가 많으니 혼자서 독립 공간을 마련하기 위해 초년부터 움직이기 시작하는 경우가 많습니다. 더군다나 어릴 때는 의지하고 의탁해야 하는 재성(財星)을 극(剋)하며 무력하게 하니 차마 그 무력한 곳에 기대기가 미안해서 떠나오는 경우도 있을 것입니다.

비겁(比劫)이 꼭 중(重)하다고 해서 아버지와 사이가 나쁘다고 판단하면 절대로 안 됩니다. 물론 자신의 성향이 강렬해서 부모님의 말을 안 들을 수도 있겠지만 꼭 아버지와 다투고 집 나와서 가출하는 불량 청소년을 연상하는 이들이 있는데, 이는 그럴 수도, 그렇지 않을 수도 있다는 점을 항상 기억해야 합니다.

대체적으로 대운(大運)에서 상관운(傷官運)이 오거나 비겁(比劫)이 중(重)한 상태에서 재성운(財星運)이 올 때 부모님 곁을 떠나오는 확률이 높습니다. 물론 꼭 이런 운(運)이 아니라고 해도 일찍 타향살이를 하게 되는 여러 가지 재료들이 많습니다.

평소 소심했던 사람에게 비겁운(比劫運)이 온다면 진취적이고 용감하게 돌진하는 성향을 가지게 합니다. 활동성 있는 직업, 예를 들어 형사나 운동선수 등이 꼭 갖추어야 할 성분이 바로 이 비겁(比劫)입니다. 활달하게 움직여야 하고 지칠 줄 모르는 강렬한 에너지를 주는 것이 바로 비겁(比劫)의 역할이라는 점을 암기하기 바랍니다.

만일 비겁(比劫)이 강하게 자리를 잡고 이러한 기운을 식상(食傷)으로 설기(洩氣)시켜주면 아주 좋습니다. 즉 진취적인 기상이 식상(食傷)으로 변환된다는 점인데, 재능이 뛰어나고 재주가 많다는 것을 알아낼 수 있는 것입니다.

일간과 같은 모습이며 음양이 다른 겁재(劫財)는 비견(比肩)보다 조금 더 확실하고 강한 에너지를 소유하게 됩니다. 이는 음양의 조화로서 비견(比肩)처럼 한 가지 기운(氣運)으로만 뭉치는 것보다는 음양이 함께 있을 때가 더욱 완전하게 이루어지는 것을 뜻하기도 합니다.

겁재(劫財)라는 말처럼, 재(財)에 대한 욕구가 그만큼 더 강력하게 발휘되기도 합니다. 재성(財星)에 대한 비견(比肩)과의 다른 차이점이 있다면, 비견(比肩)은 재성(財星)을 극(剋)하며 분산시키려는 움직임을 보이는 반면, 겁재(劫財)는 자신의 수중으로 끌어들이게 하기 위한 움직임으로써 새롭게 재구성하려 한다는 면이 있습니다.

비견(比肩)이나 겁재(劫財)나 재성(財星)을 극(剋)하는 건 마찬가지인데 그 방법이 사뭇 다릅니다. 비견(比肩)은 어떠한 목표 의식 없이 아무 생각 없는 소비나 낭비성을 만들어내는 반면, 겁재(劫財)는 시중에 떠도는 재물이든 자신이 소유하고 있던 재물이든 그 재성(財星)을 분산시켜 새롭게 이윤을 추구하고자 하는 목표 의식이 있는 셈이라고 할 수 있습니다. 일종의 투자 심리라고 하는 것이 적당한 표현인 것 같습니다.

기본적으로 사람들은 비견(比肩), 겁재운(劫財運)에 운신하기를 신중해야 하는데, 대운(大運)에서 비겁운(比劫運)을 맞이했던 사람들은 대체적으로 성패(成敗)가 명확하게 나타납니다. 특히 이 겁재운(劫財運)은 빚을 많이 지게 하거나 돈을 많이 까먹게 만드는 데 일조한다고 할 수 있습니다. 겁재운(劫財運)에 성공한다면 그야말로 대박인 셈인데, 일단 대운(大運)이 겁재(劫財)에 머물러 있다면 투자나 소비성 심리가 자리를 잡았으며 사주 원국 내에 재성(財星)이 미약하거나 힘이 없을 때는 빚을 지면서 외부 자금을 끌어들이게 한다는 것을 판단할 수 있습니다.

가령 겁재대운(劫財大運)에 편인세운(偏印歲運)이 들어오게 된다면, 그 사람은 전혀 생각지도 못한 곳에 투자를 한다던지 금전적인 운신을 위해 기획하는 단계에 이르게 됩니다.

현재 상황이 불운한 가운데 겁재운(劫財運)이 도래한다면, 부정한 수단에 의한 탐재심(貪財心)이 발현되기 쉽습니다. 대체적으로 비겁(比劫)은 사람이 용감하게 행동하도록 만드는데 특히 겁재(劫財)라는 성분은 평소 생각하던 것을 실행하도록 도와주는 경향이 많습니다.

사주명식(四柱命式) 원국에 비겁성(比劫星)이 강하게 투출(透出)하여 있다면, 상당히 진취적이고 적극적인 사람인 경향이 많습니다. 어떤 일에 있어서든 지기 싫어하는 경향이 있으며 자존심이 강한 모습으로 나타납니다. 비겁(比劫)이 투출(透出)한 사람들은 적당한 선에서 수하로 둔다면 매우 좋습니다. 기본적으로 이와 같은 사주는 자신이 얻어먹을 것이 있는 한 표면상으로는 절대 충성을 외치는 듯한 경향이 있습니다. 허나 일순간이라도 자신의 이익에 있어서 불합리한 모습이 보인다면 충성심은 금방 사라지고 홀연히 떠나버리는 경우도 종종 보입니다.

이러한 기운(氣運)도 식상(食傷) 성분이 있어서 아름답게 기운(氣

運)을 설기(洩氣)시켜준다면, 매우 좋은 작용을 합니다. 탐재심(貪財心)이 건전하게 발현되니 금전이나 경제적인 유통 현상을 올바르게 바라보는 시각도 있을 것이고, 어느 조직에 들어가도 칭찬을 받으며 신임을 얻는 행동을 많이 하여 윗사람이 진로 개척을 열어주는 경우가 많습니다.

식신(食神) : 밥 식(食), 귀신 신(神)

식신(食神)에 속하는 현상 : 재주, 능력, 의식(衣食), 진로(進路) 등, 여명(女命)에겐 자식.

→ 식신(食神)의 뜻을 보면 '밥의 귀신'이라는 뜻인데 글자의 뜻에 구애받지 않고 의식을 풍족하게 해주는 뜻으로 보면 무난하겠습니다. 나의 에너지를 소모하여 만들어낸 식신(食神)은 자신의 재주를 나타냅니다. 식신(食神)과 상관(傷官)은 또한 재치 있게 익살스러운 모습도 만들어줍니다.

상관(傷官) : 상처 상(傷), 벼슬 관(官)

상관(傷官)에 속하는 현상 : 재주, 능력, 의식(衣食), 진로(進路), 여명(女命)에겐 자식.

→ 식신(食神)과 비교적 비슷한 성격을 보이는 상관(傷官)은 언뜻 보면, 식신(食神)과 매우 흡사한 성질로 보입니다.

허나 일간과 음양이 달라 식신(食神)보다 에너지 소모를 많이 필요로 하는 상관(傷官)은 그 이름부터가 다릅니다. 식신(食神)은 적당한 선에서 에너지를 소모한 후 의식을 풍족하게 하는 반면, 상관(傷官)은 그 소모력이 과도하여 정도를 넘어서는 행동을 하게 합니다. 말 그대로 자신의 벼슬, 즉 직장에 상처를 입힌다는 뜻인데 역시 우리 학습자들은 글자의 뜻에 구애받아 흉신(凶神)으로서만 생각하면 큰코다친다는 것을 명심해야 합니다.

상관(傷官)은 고서에서 말하는 사흉신(四凶神, 편인, 편관, 상관, 겁재)으로 인생에 성공한 사람이라도 한 번은 반드시 고초가 있게 되고 상관(傷官)이 연주(年柱)에 있으면 조부(祖父) 대에, 월주(月柱)에 있으면 부모(父母) 대에, 시주(時柱)에 있으면 자식 대에 파란을 예견할 수 있음이니 상관(傷官)으로 재능(才能)이 뛰어난 명식(命式)이라도 사연이 있습니다.

즉 사흉신(四凶神)을 사용하는 명식(命式)은 성패(成敗)의 부침을 겪게 되는데 편인(偏印)의 경우 명성에 흠이 가거나 비난을 받는 등 스스로 망신을 당할 수 있으며, 상관(傷官)은 재능을 과시하다가도 주변에 적을 만들어 한순간에 도태되기도 하고, 겁재(劫財)는 잘나가다가 사고를 당하거나 재적 파란을 겪을 수 있으며, 편관(偏官)은 조직에서 낙직을 경험할 수 있습니다.

【 식상(食傷)의 심화 학습 】

내가 낳은 분신이기도 한 식상(食傷) 중에 특히 '밥의 신'이라 불리는 식신(食神)은 글자 풀이 그대로 자신의 먹을거리를 만들어주는 성분입니다. 즉 밥벌이를 하는 수단으로서 자신이 가지고 있는 재능을 말합니다. 내가 낳은 성분이므로 나누어준다는 의미도 되며, 내가 나아가야 하는 방향성으로 미래에 대한 개척 의지를 엿볼 수 있습니다. 나의 에너지를 발산시키게 하니 행동이나 말재주에 능한 모습을 보입니다.

식상(食傷)은 인성(印星)과 잘 어울리면 타인을 가르치는 교육 계통의 재능을 갖게 합니다. 내가 가진 것을 내보이는 만큼 자신을 타인에게 알리는 방법에서 일가견이 있는 셈입니다. 그러다 보니 상당히 논리적인 것을 좋아하며 불확실한 것에 의심이 많아 눈에 보이지 않는 결과에 대해서는 쉽게 접근하려 하지 않습니다.

자신이 갈고 닦은 재주를 식상(食傷)이라 부를 수 있으니 사회적으로 본다면 전문직 종사자에 가깝다고 할 수 있습니다. 일반적이지 않은, 남들이 잘 가지 않고 어렵다고 생각되는 길에 도전하기를 좋아합니다.

남명(男命)의 경우 식상(食傷)이 왕성하면 관(官, 직장을 의미하는 십성)을 극해 조직 내에서 승부를 보기 어렵습니다.

예의를 가르치고 인내하게 만들어주는 관성(官星)과는 상극(相剋)이므로 종종 말버릇이나 윗사람에게 대하는 태도가 자못 버릇이 없어 보일 때가 있습니다.

또한 벼슬을 관장하는 관성을 무기력하게 하는 모습이 강하므로 권세나 권위를 타파하고 싶은 욕구도 강렬하다 하겠습니다. 참신한 아이디어를 만들고 궁지에 몰린 상태에서 위기를 벗어나는 임기응변의 재주가 탁월합니다.

식상(食傷)은 일에 대한 결과를 담당하는 재성(財星, 재물과 결과를 의미하는 십성)이 뚜렷하면 자신의 재능을 펼쳐서 재적 성취를 보는 실업가의 명식(命式)이 될 수 있으나 재(財)를 보지 못하면 예술적인 재능만 발휘하게 됩니다.

식상(食傷)은 자신의 재능을 드러내는데 운이 좋으면 재능(才能)을 인정받아 대성하게 되나 운이 불리하거나 재성(財星)을 보지 못하면 자신이 가진 재주를 모두 펼쳐보지 못하는 명(命)이 될 수 있습니다.

식상(食傷)의 혼잡(混雜, 섞여 있는 상태)은 과감하게 움직이지 못함을 만들어주어 많은 기회를 놓치게 합니다. 그러므로 진로의 혼탁과 변동, 다방면에 대한 지나친 관심으로 한 우물을 지속적으로 파지 못해 어느 것 하나 완결을 짓지 못하는 자칫 그 재주가 용두사미에 그치는 경우를 발견할 수 있습니다.

일견 보기에는 재주가 많아 먹고사는 데 지장이 없어 보이나 옛 속담처럼 '빈 수레가 요란하다'라는 말에 맞는 삶을 살아갈 수도 있습니다.

여명(女命)에 식상(食傷)이 강하면 자녀를 출산하고 남편과 사이가 멀어지기 쉬우며 상관(傷官)의 경우 남편에게 싫은 소리를 자주 하는 스타일의 여성이 됩니다.

여명(女命)에 식상(食傷)이 강하면 색정(色情)이 강하다는 속설이 있으나 이는 식상의 성향을 제대로 관찰하지 못한 잘못된 정보입니다.

자신의 느낌을 거침없이 표현하며 드러내는 성향이 있는 것으로 색정(色情)이 강한 것과는 차이가 있으며 세속적이고 보수적인 성향을 싫어하는 것일 뿐, 색정이 강해 단순히 이성과의 잠자리를 찾는 것은 아닙니다.

오히려 상관(傷官)만 투출(透出)하고 관성(官星)은 지장간(支藏干)에 묻혀 있으면 정조 관념이 투철하다 할 수 있습니다. 색정(色情)을 주관하는 것은 수기(水氣)가 담당하므로 굳이 초점을 맞추자면 식상(食傷) 성분이 수기로 있는 경우가 그러할 수도 있겠습니다.

여명(女命)의 경우 자식을 뜻하는 식상(食傷)이 형충(刑沖)을 당하고 있는 경우, 이동 중 자녀에게 문제가 생길 수 있습니다. 식상(食傷)이 형충(刑沖)되는 시점이나 명식(命式)에 형충(刑沖)되어 있으면 난산이나 자녀의 수가 많지 않게 됩니다. 또한 심한 경우 유산이나 자식을 잃을 수 있으니 각별히 유념해야 합니다.

자신을 잘 표현하는 속성으로 꾸미기를 좋아하고 예술적인 기질이 있으며 총명하고 말을 잘하나 자신의 똑똑함을 드러내려는 교만한 속성이 있으며, 구덕의 흠이 있어 말로써 타인에게 상처를 주는 행위를 보입니다.

그러나 이러한 행동이 타인에게 악의를 가지고 하는 것이 아니며 직언이나 충언에 대한 말을 다듬지 않고 질언하는 경우로서 언행에 있어서 배려심이 부족해 보일 수도 있습니다.

자신만의 철학과 삶에 대한 정의 안에서 쉽게 벗어나지 못하므로 이러한 생활에 위배되는 타인을 보게 되면 못마땅한 기색이 역력하여 참지 못하게 되는 것입니다.

그러한 자신을 이해해주고 이러한 부분을 건드리지만 않는다면 조금만 친해져도 자신의 모든 것을 다 내어주는 성분이기도 합니다.

편재(偏財) : 치우칠 편(偏), 재물 재(財)

편재(偏財)에 속하는 현상 : 비(非)노동성 재물, 공간, 결과, 아버지, 자신의 몸 또는 건강, 남명(男命)에겐 여자 및 아내.

→ 현대사회에서 사람들이 모두 좋아하는 재물을 뜻하는 십성입니다. 글자를 해석하면 치우친 재물이라고 하는데, 한꺼번에 얻어지는 재물인 편재(偏財)는 땀 흘리며 일하기보다는 비교적 손쉽게 또는 각 사주의 재물의 그릇에 따라 나타내는 금전을 뜻합니다.

정재(正財) : 바를 정(正), 재물 재(財)

정재(正財)에 속하는 현상 : 노동성 재물, 공간, 결과, 아버지, 자신의 몸 또는 건강, 남명(男命)에겐 여자 및 아내.

→ 편재(偏財)와는 달리 '올바른 재물'이라는 뜻을 가진 정재(正財)는 비교적 노력해서 벌어들인 금전적 수입을 뜻합니다. 편재(偏財)와는 달리 일간과 음양이 달라 에너지를 많이 소모시켜 얻는 정재(正財)는 편재(偏財)보다 규모는 작지만, 비교적 안정성이 보장된 재물이라 보면 됩니다.

【 재성(財星)의 심화 학습 】

금전과 재물, 신체적 건강을 의미하는 재성(財星)은 사회적 직접적인 부(富)을 논합니다. 특히 식상(食傷)이 있으면 재물(財物)을 모을 수 있는 이재(理財) 능력이 뛰어난 명식(命式)이 되며 대기만성(大器晚成)하여 명의 말년에는 끝내 자수성가(自手成家)하여 부를 쌓는 명(命)이 됩니다.

만약 식상(食傷)이 없는 경우 별 재능(才能) 없이 돈을 모으게 되니 그 과정이 힘들 수 있으며, 재성(財星)이 명식(命式)에 건전하게 있다면 선대의 유산이나 유업을 많이 물려받게 되는데 이 과정에서 비겁(比劫)이 개입하게 되면 물려받은 유산을 지켜내지 못하는 경우가 많습니다.

정재(正財)와 편재(偏財)가 혼잡(混雜)되어 있는 상태는 재(財)에 대한 상반된 지배를 동시에 하려는 습성을 보입니다. 자신의 타고난 능력 이상의 욕심으로 인해 땀 흘려 열심히 벌어들이는 정당한 재물의 정재(正財)와, 노력하지 않고 큰 재물을 얻게 하는 편재(偏財)를 동시에 잡으려 하므로 자칫하면 두 마리 토끼를 모두 놓칠 수 있습니다. 결국 재적 성취의 호기를 잘 잡지 못하거나, 다른 일을 도모하여 노력에 비해 가시적인 성과를 내기 어려운 결과가 나타나기 십상입니다.

남명(男命)의 경우 이성을 의미하는 재성(財星)이 혼탁하게 되면 염화야초(艷花惹草)라 하여 이성 간의 교류가 잦은 일종의 바람둥이에 해당하는 모습을 자주 관찰하게 됩니다.

재성(財星)이 왕성하다는 것은 자신을 낳아준 인성(印星)을 극(剋)하는 것으로 불효하기 쉽고 인성(印星)은 지력으로 자신을 조절하는 성분인데 이를 방해하게 되니 풍류심이 발동하여 방탕해지거나 자신의 잘못을 세상과 타인의 탓으로 돌려 위안을 삼아 세월을 낭비하는 경향이 나타납니다.

또한 배우자를 뜻하는 재성(財星)이 왕성하다는 것은 남자의 경우, 공처가로 배우자에게 꼼짝없이 잡혀 사는 경우로 나타나기도 하는데 대체적으로 부인을 존중하는 남자라고 보는 것이 합당하다 할 것입니다.

여성의 경우에는 남자에게 잘하고 애교가 있으며 시모(媤母)가 활발한 편이나 역시 극(剋)의 구도에서 보면 인성(印星)을 극해 친모(親母)에게는 불효를 할 수 있으니 효를 논하기가 어렵기는 마찬가지입니다.

그러나 이러한 구조를 가지고 있다고 하여 재성(財星)이 왕성한 명식(命式)들이 모두 모친에게 불효하는 것은 아닙니다. 다른 경우로는 모친의 건강이 급격히 악화되거나 조실부모(早失父母) 또는 부모가 이혼을 하게 되는 경우로 나타나기도 합니다.

재성(財星)은 명식(命式) 내에서 그 위치에 따라 부(富)를 이루는 규모가 각각 다른데, 그중 특히 시간에 편재(偏財)가 월지에 통근하여 튼튼한 경우 비겁(比劫) 또는 재성(財星) 운에 상당한 부자가 됩니다. 특히 이는 중년 이후로 말년에 큰 부(富)를 이룰 수 있는 터전을 일찍 갖게 되는 의미도 있습니다.

때론 남명(男命)에 관성(官星)이 왕(旺)하고 재성(財星)이 허약한 경우 배우자가 자식을 출산하면서 건강이 극히 나빠질 수 있습니다. 이것은 건강을 의미하는 재성(財星)은 자식을 의미하는 관성(官星)을 낳는데 재성(財星)의 형태가 허약한 상태에서 자식을 두었다는 것은 관성(官星)이 더욱 강화되었다는 뜻으로 허약한 재성(財星)의 에너지를 더욱 많이 빼앗기게 되므로 갑작스럽게 건강에 무리가 올 수 있다고 판단합니다.

편재(偏財)의 경우 특히 의리를 중히 여기며 재물에 대해서는 담백한 성향을 가지게 합니다. 빚을 져도 정재(正財)는 많은 고민을 하나 편재(偏財)의 경우는 항상 어디선가 재물(財物)이 생길 것이라고 생각하는 속성 때문에 별로 고민하지 않는 기질이 있기 때문입니다.

편관(偏官) : 치우칠 편(偏), 벼슬 관(官)

편관(偏官)에 속하는 현상 : 직장, 윗사람, 남명(男命)에게는 자식.

→ 나를 극(剋)하며 다스리게 해주는 관성(官星)은 인내심을 발휘하게 하며, 윗사람의 조언과 같은 역할을 합니다. 일간과 음양이 같은 편관(偏官)은 무차별하게 극(剋)하는 습성이 있으니 다소 무리한 행동이나 전문성이 깃든 것으로 받아들이면 되겠습니다.

정관(正官) : 바를 정(正), 벼슬 관(官)

정관(正官)에 속하는 현상 : 직장, 윗사람, 남명(男命)에게는 자식.

→ 나를 극(剋)하지만 음양이 달라 적당한 선에서 극(剋)하는 정관(正官)은 편관(偏官)보다 비교적 합리적인 모습을 보입니다. 정도를 지키는 것이 관성(官星)이라면 편관(偏官)은 조금 무리하게, 정관(正官)은 합리적인 것이 특유의 모습입니다. 전문성을 편관(偏官)에 가깝다고 보면, 잘 짜여진 조직사회를 정관(正官)으로 이해하면 무난합

니다.

【 관성(官星)의 심화 학습 】

관성(官星)은 나를 다스리고 훈육시키는 성분입니다. 차분하고 점 잖은 행동을 만들어줍니다. 관(官)이라는 글자처럼 직책이나 지위를 중요하게 생각하며 늘 자리에 대한 욕심이 있습니다. 또한 타인을 의식하는 성향도 강해서 항상 반듯하고 빈틈이 없어 보이길 원합니다.

이러한 관성(官星)이 혼잡(混雜)에 관살(官殺)의 역량이 강하게 되면 좀처럼 자신의 뜻대로 인생을 향유하기가 어렵고 여성에겐 이성, 남성에겐 직장 문제의 혼탁한 양상이 있다 하여 연애나 직업 운이 순조롭지 않게 시현되는 데 일조합니다. 여러 가지 경우의 수를 두고 궁리하는 치밀함이 있으며, 한 가지 업종을 고집하는 일은 거의 없다고 볼 수 있습니다.

여명(女命)에게는 관성(官星)이 강하면 현출하고 위세가 당당한 남편을 배우자로 맞이한다는 암시가 있습니다. 그러는 반면 결혼 시기가 늦어지기도 하며, 멋진 남성을 배우자로 맞이하는 동시에 자신의 재능은 묻힐 수 있습니다.

학습을 하다 보면 관살혼잡(官殺混雜)이라는 단어를 자주 접하게 될 것입니다. 남명(男命)은 여러 곳에 자식을 둔다는 의미가 있어 처첩(妻妾)을 둘 소지가 있다거나 여명(女命)에게는 이성을 뜻하는 관성(官星)이 혼탁하게 존재하니 이성 관계가 상당히 복잡하다고 풀이하는 것을 종종 보게 됩니다. 그러나 실제로는 그렇지 않은 경우가 더욱 많습니다.

우선 관성(官星)이라는 기본적인 품성이 존재하기 때문입니다. 자신을 다스리고 억제하는 것이 관성(官星)이 가지고 있는 첫 번째 모습이기 때문에 마음에 드는 이성을 보아도 말 한번 붙이지 못하는 경우가 허다합니다.

그러나 역시 혼잡되어 있는 영향이 있어서 한 사람에게 집중하기 어려운 심성을 갖게 되기는 합니다. 열정이 금방 식어버린다는 뜻입니다. 이러한 점이 겉으로 드러나서 실제로 바람둥이라는 소리를 듣게 하는 것은 관성(官星)의 존재가 형충으로 인해 무언가 상처를 입었을 때 일어나는 현상이라고 할 수 있습니다.

관성(官星) 중에서도 특히 편관(偏官)은 순탄하게 승진을 하는 것보다는 시의적절한 행동으로 한번에 가일층 상승하여 일시에 고위직을 탈취하는 면이 보입니다. 독특한 카리스마를 앞세워서 아랫사람에게 신임을 얻기도 하며, 특유의 리더십으로 많은 무리를 거느리게 만드는 성분이기도 합니다. 그러나 지배력을 높아서 부지런하고 매사 직접 확인하고 싶은 습성과 상대를 압박하는 기질이 있으니 일 처리 능력은 탁월해도 대인 관계에서는 피곤하기 십상입니다.

반면 정관(正官)은 부단히 노력해서 착실하게 승진해나가고 조직 내에서도 생명력이 길다고 할 수 있습니다. 용모가 단정한 품행을 보이며 그윽하고 매혹적인 말투로 정관(正官)이 바르게 있는 명식(命式)들은 항상 그 인기가 웅성거리면서 소문나지는 않아도 은은하게 끊이지 않게 합니다.

편인(偏印) : 치우칠 편(偏), 도장 인(印)

편인(偏印)에 속하는 현상 : 어머니, 명예, 문서화된 재물, 학문, 계약 (도장을 씀) 등.

→ 나를 생(生)해주니 일간을 어머니처럼 길러주는 인성(印星)은 비교적 자애로운 모습인데, 글자의 해석 그대로 편중되게 치우치니 그러한 모습이 과도할 수 있습니다. 인성(印星)은 재물과도 연관이 되는데, 비노동성 재물인 편재(偏財)와도 비슷하지만, 그 재물을 얻게 하는 노력의 대가에서 차이가 있다고 보면 되겠습니다.

정인(正印) : 바를 정(正), 도장 인(印)

정인(正印)에 속하는 현상 : 어머니, 명예, 문서화된 재물, 학문, 계약 등.

→ 정도 있게 생(生)해준다는 뜻의 정인(正印)은 편인(偏印)과 같은 역할을 합니다. 다만 차이점은 안정적인 구도를 추구하는 모습이 강하며, 자비로움이 편인(偏印)보다 많다고 생각하면 되겠습니다.

【 인성(印星)의 심화 학습 】

인성은 내가 얻어내고 받아들인다는 의미에서 자신의 생각을 주관합니다. 기획이나 궁리해서 성공하는 타입으로 주로 주변 사람의 재능이나 인덕으로 정상에 오릅니다.

그만큼 자신이 움직이기보다는 생각으로 타인을 움직이게 하므로 본인 자체는 게으른 성격을 가지게 합니다. 인성(印星)이나 식상(食傷) 성분은 욕심을 만들어내는데 식상(食傷)의 욕심은 적당한 수준에서 포기하는 점이 있지만 인성(印星)의 욕심은 병적일 정도로 집착이 심하다는 것에 그 차이점이 있습니다.

인성(印星)은 학문이나 명예, 문서를 나타내는데 여기서 말하는 문서란 현금화 되지 않은 문서적 재물, 즉 부동산을 의미합니다. 문서상의 이익이란 학위를 받거나 계약이 이루어지거나 투자의 성과나 상을 수여하는 경우로 분류를 할 수 있습니다.

명예를 주관하는 성분인 만큼 자신의 위신에 관심이 많고 수치스러운 것을 감당하지 못하므로 자존심에 상처를 주는 사람을 용서하지 못합니다.

인성(印星)이 혼잡(混雜)되면 산만한 기질로 인해 재능을 온전히 발휘하지 못하고 애매하고 변덕스러우며 철저하지 못하여 운명이 순수하지 않고 사고나 관념이 수시로 바뀌게 되니 다혈질이라는 소리를 자주 듣습니다.

자기 성찰의 시간이 부족하니 성격적인 면에서 완전하기를 기대하기 어렵다고 볼 수 있습니다.

학업과 문서상의 성취가 원하는 바대로 쉽지 않고 생각이 많으며 한 가지 학문에 성취를 보기 어려운 단점이 있는 반면, 지식의 흡수력이 뛰어나니 무엇이든 조금만 손에 잡으면 쉽게 습득합니다.

사물의 처리나 결정력의 장고(長考)와 갈등, 망설임이 따르고 결정을 앞두고 많은 생각을 하나 결국은 처음 생각한 결정대로 가게 되며 순식간에 일을 결정하게 되니 그릇된 길도 가기 쉽습니다.

인성(印星)이 혼잡(混雜)된 시기는 주변 정리가 잘 되지 않는다는 특성이 있으며 전혀 터무니없는 발상을 하기도 합니다. 늘 엉뚱한 일을 기획하여 주변 사람들을 놀라게 합니다.

인성(印星) 중에 편인은 창의적인 기획력을 조율하고 임기응변에 능하고 융통성이 있으나 재(財)로 인해 편인(偏印)이 억눌려 있으면 천부적 재능(才能)은 쉽게 나타나지 않습니다.

한 가지 생각에 몰두하는 성향으로 연구직이 잘 어울리고, 철학적인 조예가 깊어 누가 가르쳐 주지 않아도 스스로 체득하고 정의를 내립니다. 어릴 적부터 남다른 생각으로 애어른이란 칭호를 듣기도 하며, 비교적 이른 시기에 사춘기도 찾아오고 나름대로 일찍 철이 든다고 할 수 있습니다.

그러나 일생에 한 번은 명예적으로 큰 손상을 당할 수 있고 평소 학업의 편차가 크며, 제도권 내의 학문으로 성취를 보기 어려운 점이 있으니 학업에 장애가 생기게 됩니다. 보편적인 학업보다는 예체능에 소질이 많다고 할 수 있습니다.

철학적이고 깊은 사상을 좋아하게 되나 자존심이 강해 타인이 가르치려 할 때 쉽게 받아들이지 않는 아집으로 인해서 용두사미의 기질이 많습니다.

반면 정인(正印)은 착실하고 정도를 걷게 하므로 관념도 차분하고 상당히 계획적인 모습을 보입니다. 역시 자존심이 강해서 그릇된 행위를 할 때 수치심을 느끼지만 편인(偏印)과는 다르게 필요하다면 감내하고 그 상황을 이겨내는 면을 가지고 있습니다.

사흉신(四凶神)과 사길신(四吉神)은 아래와 같이 나눌 수 있습니다.

사흉신(四凶神) → 겁재(劫財), 상관(傷官), 편인(偏印), 편관(偏官)

사길신(四吉神) → 식신(食神), 재성(財星), 정인(正印), 정관(正官)

하지만 너무 이 분류에 집착하지 말 것을 권유합니다. 상황에 따라서 얼마든지 흉신(凶神)도 길(吉)하게 작용할 수 있으며, 길신(吉神)도 얼마든지 흉(凶)하게 작용할 수 있음을 알아야 합니다. 단, 흉신(凶神)을 기피하게 되면 그 흉력이 더 클 수 있습니다. 또한 반대로 길신(吉神) 희(喜)하게 되면 더욱 길(吉)하게 된다는 선에서 이해하면 무난하겠습니다.

전선생의 사주카페

자식이 생기면 이혼하는 여자

時	日	月	年	(여, 50세)
辛	戊	壬	丁	
酉	申	寅	未	

77	67	57	47	37	27	17	7	大
庚	己	戊	丁	丙	乙	甲	癸	運
戌	酉	申	未	午	巳	辰	卯	

한 10년 전쯤일까요? 밤만 되면 술이 잔뜩 취해서 전화를 걸어오는 여성이 있었습니다. 그때부터 신세 한탄이 시작됩니다. 남편이 심장마비로 사망하고 그 슬픔을 이기지 못해 술로 지새우고 저에게 한풀이를 하는 겁니다. 이 일을 하다보면 참으로 다양한 사연을 가진 분들을 만나게 되는데 이분도 그중 한 분이었습니다. 일단 사주로 보면 월주(月柱)의 인(寅)이 남편을 상징하는 관성(官星)입니다. 관성(官星)은 식상(食傷)에게 충(沖, 충돌하여 깨짐)하여 관성(官星)의 상태를 의심해야 합니다.

천간에 투간한 금의 기운은 거세기 어려운 기운입니다. 희용신이 어쩌고저쩌고는 필요 없고 남편이 있는지를 확인하여 상태를 문진해야 합니다. 27세 을사대운(乙巳大運)에 첫 결혼을 하고 아이를 낳은 지 몇 개월 만에 이혼하게 됩니다. 그 후로 계속해서 혼자 살다가 38세에 재혼하여 그해 딸을 낳았으나 얼마 되지 않아 남편이 심장마비로 사망합니다. 참 남편 복이 없나봅니다.

그런데 여기서 반전이 있습니다. 이분의 직업은 학교에서 아이들을 가르치는 선생님입니다. 식상(食傷)이 강하니 음악을 전공해 가르치고 두 번째 남편이 먹고살 만큼의 재산을 물려주고 갔습니다. 하늘은 역시 모두 가져가지 않습니다. 딸 또한 건강하고 영민하여 엄마의 마음을 흡족하게 해주고 있습니다.

여기서 주의해야 할 것은 충과 형이 팔자에 미치는 영향입니다. 사주에 충과 형 중 한 가지 이상 가지고 있다면 일단 사건, 육친의 분리 사연 등을 포함하고 있습니다. 사주를 본다는 것은 그 사람의 일생을 참견하고 침해하는 게 아니라 그저 진솔하고 담담하게 읽어주는 것입니다.

저는 여성분에게 남자도 만나고 삶을 즐기라고 말합니다. 이제 나이도 있고 남자를 만난다고 해서 자식을 낳을 것도 아니니 편하게 친구처럼 만나라고 합니다. 사주팔자를 풀어주다보면 가끔 이렇게 남자 복이 없는 사람들을 만나게 되는데, 조선 시대처럼 도덕적으로 정절을 지키며 살 필요는 없다고 생각합니다. 우리는 모두 자연 그대로의 모습대로 살다가 죽습니다. 영원한 것도 영원할 것도 없는 삶이지요.

6장

십이운성 十二運星

◉ 십이운성十二運星

십이운성법(十二運星法)은 천간과 지지가 만났을 때 강약을 보는 방법으로 얼마나 강하고 약하냐의 정도를 인간의 생로병사 과정과 윤회사상을 대입시켜 12개 단계별로 나누어놓은 것입니다. 양(養), 장생(長生), 목욕(沐浴), 관대(冠帶), 건록(建祿), 제왕(帝旺), 쇠(衰), 병(病), 사(死), 묘(墓), 절(絶), 태(胎)의 순으로 이루어져 있습니다.

뒤에서 자세히 공부하겠지만 여기서 양(養)이란 사람이 천인지(天人地)의 삼기(三氣)를 받으며 어머니 배 속에서 열 달 동안 자라는 상태를 말하고, 장생(長生)은 세상 밖으로 출생하는 단계를 말하며, 목욕(沐浴)은 출생 후 양수와 피로 젖어 있는 태아의 몸을 씻겨주는 단계이고, 관대(冠帶)는 출생의 단계를 무사히 마치고 알록달록한 색동옷을 입고 뛰어 노는 소년기와 희망찬 미래를 설계하는 청년기를 말합니다. 건록(建祿)은 건강함과 아름다움이 무르익는 중년이요, 제왕(帝旺)은 왕성한 사회 활동을 하는 장년기를, 쇠(衰)는 장년기를 지나 서서히 기운이 빠져가는 상태를 의미하고, 병(病)은 노년기의 허약한 모습을 상징합니다. 사(死)는 노년기에 시름시름 앓다가 임종을 맞이

하는 단계요, 묘(墓)는 죽은 후 땅속에 묻혀 있는 기간을 말합니다. 절(絶)은 이승과 저승의 중간 단계인 유계에서 완전히 저승으로 가는 시기이며 마지막 태(胎)는 전생의 업에 따라 다시 내생과 인연을 맺는 단계입니다.

| 십이운성표 |

	장생 (長生)	목욕 (沐浴)	관대 (冠帶)	건록 (建祿)	제왕 (帝王)	쇠 (衰)	병 (病)	사 (死)	묘 (墓)	절 (絶)	태 (胎)	양 (養)
갑 (甲)	해 (亥)	자 (子)	축 (丑)	인 (寅)	묘 (卯)	진 (辰)	사 (巳)	오 (午)	미 (未)	신 (申)	유 (酉)	술 (戌)
을 (乙)	오 (午)	사 (巳)	진 (辰)	묘 (卯)	인 (寅)	축 (丑)	자 (子)	해 (亥)	술 (戌)	유 (酉)	신 (申)	미 (未)
병 (丙)	인 (寅)	묘 (卯)	진 (辰)	사 (巳)	오 (午)	미 (未)	신 (申)	유 (酉)	술 (戌)	해 (亥)	자 (子)	축 (丑)
정 (丁)	유 (酉)	신 (申)	미 (未)	오 (午)	사 (巳)	진 (辰)	묘 (卯)	인 (寅)	축 (丑)	자 (子)	해 (亥)	술 (戌)
무 (戊)	인 (寅)	묘 (卯)	진 (辰)	사 (巳)	오 (午)	미 (未)	신 (申)	유 (酉)	술 (戌)	해 (亥)	자 (子)	축 (丑)
기 (己)	유 (酉)	신 (申)	미 (未)	오 (午)	사 (巳)	진 (辰)	묘 (卯)	인 (寅)	축 (丑)	자 (子)	해 (亥)	술 (戌)
경 (庚)	사 (巳)	오 (午)	미 (未)	신 (申)	유 (酉)	술 (戌)	해 (亥)	자 (子)	축 (丑)	인 (寅)	묘 (卯)	진 (辰)
신 (辛)	자 (子)	해 (亥)	술 (戌)	유 (酉)	신 (申)	미 (未)	오 (午)	사 (巳)	진 (辰)	묘 (卯)	인 (寅)	축 (丑)
임 (壬)	신 (申)	유 (酉)	술 (戌)	해 (亥)	자 (子)	축 (丑)	인 (寅)	묘 (卯)	진 (辰)	사 (巳)	오 (午)	미 (未)
계 (癸)	묘 (卯)	인 (寅)	축 (丑)	자 (子)	해 (亥)	술 (戌)	유 (酉)	신 (申)	미 (未)	오 (午)	사 (巳)	진 (辰)

| 십이운성 그래프 |

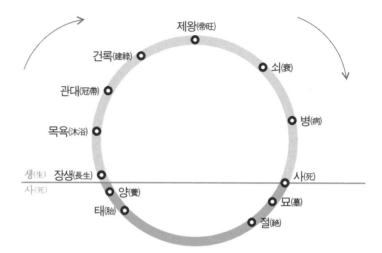

◉ 십이운성의 종류

양(養)

　양(養)은 하늘과 땅과 사람의 기운이 어
우러져 새 생명을 잉태하는 과정으로, 아
늑하고 포근한 어머니 배 속에서 전생의 묵
은 기억을 털어버리고 새로운 세상을 준비
하는 태아의 모습을 상징합니다.

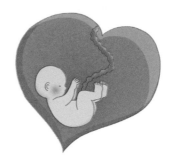

장생(長生)

　장생(長生)은 생명의 기운이 어둠 속에서
웅크리고 있다가 빛의 세계로 빠져나오는
시기로서 태아가 그동안 의존하고 있던 탯
줄을 버리고 모체로부터 독립하여 세상을 맞이

하는 과정을 나타냅니다.

목욕(沐浴)

목욕(沐浴)은 태아가 모체로부터 완전 독립하여 처음으로 세상에 발 딛기 전에 깨끗이 몸단장을 하는 과정을 나타냅니다. 따라서 산뜻하고 청결한 이미지로 만인 앞에 서는 것은 좋으나 그동안 자신을 보호해줬던 성스러운 양수와 피가 닦여나가는 것을 의미하기 때문에 한 번은 사연을 겪고 일이성취하거나 갈등이 숨어 있다는 뜻입니다.

관대(冠帶)

관대(冠帶)는 어머니의 젖을 떠나 본격적으로 왕성한 식욕을 키워가는 시기로서 교양과 덕성을 배우고 한 사람의 사회인으로서 인격체를 갖추어가는 아동기와 청소년기를 의미합니다. 따라서 미래에 대한 장밋빛 꿈을 부풀리며 몸과 마음을 다져가는 데에서 길성으로 보며, 발랄하게 뛰어노는 아이처럼 쾌활하고 진취적 기상이 돋보입니다.

건록(建祿)

건록(建祿)은 청년기를 지나 성숙한 육체
와 정신이 가장 활발하게 활동하는
시기로 아무리 고되게 일을 해도
의욕과 정열이 식을 줄 모르는 30
대에서 40대 사이의 장년기를 의미
합니다. 따라서 계획했던 인생 설계
를 하나하나 추진해간다는 점에서
길성으로 보고 있습니다.

제왕(帝旺)

제왕(帝旺)은 인간의 육체와 정신이 성숙한
단계를 넘어 완숙의 경지에 이르는 시기로 그
동안 갈망해온 꿈을 실현하는 40대에서 50대
사이의 중년기를 의미합니다. 따라서 인생 최
고의 정점에 서서 과거의 노력에 대한 보람
을 거둬들인다는 점에서 길성으로 보
고 있습니다.

쇠(衰)

　해는 뜨면 지게 되어 있고 오르막이 있으면 반드시 내리막이 있듯이 우리네 인생도 최고의 경지에 다다르면 반드시 하강의 길을 걷게 되어 있습니다. 쇠(衰)는 인생의 내리막길을 의미하며, 점차 기운이 쇠해지고 의욕도 감퇴하기 시작하는 50대에서 60대 사이의 초로(初老)를 의미합니다. 과거에 노력으로 했던 일들에 대한 결과를 받아들이고 차분히 생활해나가는 시기입니다.

병(病)

　병은 인생의 내리막길 경사가 심해지는 시기로 몸도 마음도 지쳐 병마가 침범하게 되는 70대 이후의 황혼기를 의미합니다. 고통스런 삶을 끌고나간다는 점에서 흉성으로 보고 있으며, 새로운 일을 벌이지 말고 현재 상태에 심신을 치료하고 건강에 신경을 써야 할 때입니다.

사(死)

사(死)는 육체의 에너지가 모두 소모되어 자연으로부터 받은 운명의 시계가 정지하는 단계로서 모든 희로애락을 정리하고 순리대로 죽음을 맞이하는 시기를 나타냅니다.

묘(墓)

묘(墓)는 인간이 왔던 가장 근본적인 곳으로 다시 하나가 되는 것을 의미하며 다음 생을 준비하기 위해 영혼이 잠시 안식을 취하는 시기입니다. 이제 땅속에 묻혀 이승도 아니고 저승도 아닌 곳에 남아 영원한 마지막을 받아들이는 단계입니다.

절(絕)

절(絕)은 유계에 남아 있던 영혼이 완전히 저승으로 돌아가는 시기로 전생에서 가져왔던 모든 삼라만상의 기억과 번뇌, 망상을 깨끗

이 씻어내는 단계입니다. 따라서 영혼은 가장 순
수한 단계가 되고 본래의 참모습을 찾게 되며,
인간의 모든 인연이 끝나는 시기입니다. 현
재와 미래의 모든 것들이 단절되고 영원히
잊혀지는 모습입니다.

태(胎)

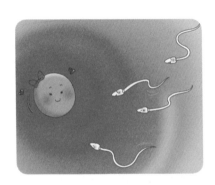

태(胎)는 정화된 영혼이 순환하는 우주의
법칙에 따라 질기고도 질긴 인연과 업장의
끈에 매여 다시 이승으로 돌아오는 단계로,
남자의 양기와 여자의 음기가 결합하는 시
간에 맞춰 자궁 속에 안착하는 시기입니다.

관(官)이 자신을 죽이는 사주를 가진 여자

時	日	月	年	(여, 50세)
丁	辛	辛	丙	
酉	巳	丑	午	

66	56	46	36	26	16	06	
戊	丁	丙	乙	甲	癸	壬	大
申	未	午	巳	辰	卯	寅	運

　　50세 된 일본 여자입니다. 필자와 10여 년 전에 몽골에서 만난 인연으로 지금도 연락하고 있는 지인입니다. 십이운성으로 위 사주를 풀어보겠습니다. 지지(地支)에 나와 있는 관(官)의 상태를 볼까요? 신금과 사화에 십이운성 상 관계를 보면 죽을 사(死)가 보입니다. 나를 죽이고 있는 상태입니다. 즉 이분은 결혼과는 관계가 없고, 혹 있다 하더라도 나를 죽이는 자리에 앉아 있으니 남자와는 인연이 없는 것으로 보면 무난합니다. 현재 미혼이고 영화 번역으로 생계를 꾸려나가면서 이 세상을 집으로 삼아 이 나라 저 나라에

머물며 살고 있습니다. 관(官)은 내가 머무는 곳으로, 지붕이 있는 곳은 모두 관(官)이라고 할 수 있습니다. 관(官)이 힘드니 집도 절도 없이 영원한 노마드로 살기를 원하고 있습니다. 영화 번역을 한다고 했는데 그것은 어디에 있는지 찾아봅시다.

식상(食傷)을 한번 찾아볼까요? 식상(食傷)은 축(丑) 속에 지장간으로 계수(癸水)로 암장되어 있습니다. 월지(月支)에 나와 있는 축(丑)은 신(辛) 입장에서 보면 인성(印星, 학문이나 명예, 문서를 나타내는 능력)입니다. 이분은 일본인치고는 보기 드물게 영어를 참 잘합니다. 그것을 재능으로 지장간에 숨어 있으니 잘 나타나지는 않지만 그 능력을 통해 먹고삽니다. 참 좋은 직업이지요. 십이운성상 관대(冠帶, 내 머리에 관을 씌워주고 혁대를 매줌)라는 뜻을 가지고 있으니 번역은 잘한다고 소문이 나 일이 끊임없이 들어오는 구조입니다.

7장

형충회합 刑沖會合

◉ 형刑

현대 사주학 개념에서 중요하게 쓰이는 재료입니다. 형(刑)은 '형벌을 받는다'는 뜻입니다.

형살을 한마디로 정리하면 결과가 비틀어지고 형태가 바뀐다고 정의할 수 있습니다.

형의 종류

축술미(丑戌未)와 인사신(寅巳申) 삼형(三形)이 있습니다. 삼형(三形)은 세 가지 글자가 겹치거나 두 가지 글자가 겹쳐도 일이 만들어집니다.

지지삼형 **(地支三刑)**	인형사 (寅刑巳)	사형신 (巳刑申)	신형인 (申刑寅)	시세지형 (恃勢之刑)
	축형술 (丑刑戌)	술형미 (戌刑未)	미형축 (未刑丑)	무은지형 (無恩之刑)
	자형묘 (子刑卯)	묘형자 (卯刑子)		무례지형 (無禮之刑)
	진 (辰) 오 (午)	유 (酉)	해 (亥)	자형지형 (自刑之刑)

형살(刑殺)의 작용

위 사주의 세운에서 인년(寅年)이 올 경우 갑신일주(甲申日柱)의 남
편 혹은 아내의 자리를 형(刑)할 경우 이혼하기도 합니다. 왜냐하면
갑신일주(甲申日柱) 시기 40세 전후에 세운에서 인년(寅年)이 오면 여
자인 경우 십이운성상 갑신일주는 남편이 갑을 절(絕, 절단하다, 끊다,
멸망시키다 등) 운에서 오는 인(寅)이 신(申)을 동(動)하여 갑과 절단이
나니 이혼, 결별 등이 일어납니다. 위의 표에서 보면 시세지형(恃勢之

刑) 큰 세력을 믿을 시에 따라가므로 세력이 큰 놈을 따라갑니다,

위 사주상에 인(寅)과 사(巳) 형살이 일어날 경우 유년 시절 식상과 관성이 형을 맞으니 진로에 문제가 생기거나 부모에 변동도 일어날 수 있고, 가정사에 문제(부모의 이혼 등), 유학 등 세운의 변화에 따라 형벌받는 일들이 일어나고 꼬이는 일이 발생합니다. 원국에서는 언제 일이 일어날 것이라는 암시를 나타내고 세운에 변동에 따라 형벌받는 일이 발생합니다. 일단 사주상에 형살이 존재하는 경우, 그 나이별 근묘화실(根苗花實)의 시기에 따라 추론하면 통변이 더욱 확실하게 추론 가능합니다.

위 사주에서 세운에서 인(寅)이 올 경우 사주체는 급격한 변화에 맞닥뜨립니다. 세 글자 사(巳), 신(申), 인(寅)의 지장간들이 모두 움직이며 세 글자 진로, 관, 자신 등이 변화하여 일어납니다. 위 사주체의 주인이 40세 이후의 남자라면 어떠한 일들이 벌어질지 한번 파헤쳐볼까요? 인생에 있어서 40세 전후에 많은 변화들이 일어납니

다. 가장이고 직장 생활을 한다면 중간 관리자 정도에서 일하거나, 구조조정에 의해 일찍 직장을 그만둘 수도 있겠습니다. 자식들은 돈이 가장 많이 들어가는 중등학교를 가는 시기일 겁니다. 집에서는 마누라 눈치, 회사에서는 상사와 똑똑한 후배 사이에 낀 관리자로 자신의 사회적인 위치가 위태로울 수도 있고 인생에 대하여 다시 한번 생각해보는 시기이기도 합니다.

가정이긴 하지만 진로, 직장, 경쟁자 등에서 변화가 일어납니다. 연월에 있으니 가정 내부보다는 외부 직장 내 혹은 사회적 문제 등으로 인하여 직장에 변동이나 진로, 즉 새로운 일(창업 등)이 일어나게 됩니다. 아니면 진급에 경쟁자에게 밀려 진급이 누락되거나 지방으로 좌천당하는 일들이 발생하게 됩니다. 조금 더 깊이 들어가보면 사주의 주인이 기술자라면 인사형으로, 물건을 생산한다면 독립의 길로 들어가게 됩니다. 제작, 변형 등의 일을 새롭게 시작하게 되고, 일반 조직에서 근무한다면 새로운 곳으로 발령이 나거나 새로운 업무로 인하여 고생을 하거나, 좌천으로 인하여 지금 살고 있는 곳에서 멀리 떨어진 곳으로 발령이 나는 일들이 발생합니다. 그로 인해 가정에도 변화가 일어나게 됩니다. 하나의 단면만 보지 마시고 전체적으로 큰 변화에 대하여 생각하고 이야기해야 합니다. 형살(刑殺)이라고 해서 무조건 나쁜 것이 아니라 그 형살(刑殺)로 인해 어떤 일이 생기는지를 확인하여 직업은 무엇인지, 어떤 일을 하는지 등에 대하여 차분하게 분석하여 이야기해주어야 합니다.

형살(刑殺)로 풀어보는 에피소드 1

時	日	月	年	(여, 50세)
乙	壬	己	丁	
巳	寅	酉	未	
戊	戊	지장간		
庚	丙			
丙	甲			

위 사주에 보면 인사(寅巳) 형살(刑殺)이 원국에 존재합니다. 인(寅)
은 식상으로 진로, 자식 등의 변화를 뜻하며 사(巳)는 재성으로 돈,
아버지, 시어머니 등을 뜻합니다. 그리고 지장간을 살펴보면 무(戊)
는 남편이나 직장, 경(庚)은 인성, 어머니, 문서 등의 변화가 있을 것
이라고 사주 원국에서 예시해주고 있습니다. 위 사주 여명은 20대에
결혼하였으며 자식 두 명을 낳았으나 이혼하고, 서른 중반에 다시
결혼하여 자식 한 명을 낳습니다. 그리고 또 이혼하여 현재 자식 한
명을 데리고 친정집에서 살고 있습니다.

첫 번째 결혼 후 시댁이 너무 엄해 항상 우황청심환을 입에 달고
살았다고 합니다. 자살을 생각할 정도로 혹독한 시집살이를 견디지
못하고 자식을 두 명을 낳고 이혼하였습니다. 위 사주에 보면 지장
간 무토 두 개가 형살을 받고 있습니다. 남편이 두 명이었다고 읽어
도 무난하지요. 또한 병화 두 개가 있으니 시어머니가 두 명이라는
말도 성립됩니다. 지장간과 원국을 살펴보면 미 속에 을목, 인 속에
갑목, 천간에 을목 등 자식이 3명 보이기도 합니다. 두 번째 결혼 후

독일에서 몇 년간 살면서 자식 한 명을 낳고 이혼하고 다시 한국에 들어와 살고 있습니다. 여기서 우리가 알아야 할 것은 자식궁과 남편궁에 형살이 발생하면 내 인생에 어떤 변화를 일으키는지 알아야 한다는 겁니다.

형살(刑殺)로 풀어보는 에피소드 2

時	日	月	年	(남, 57세)
壬	壬	戊	庚	
寅	申	子	子	巳(대운)

형(形)의 상태를 봅시다. 인(寅)과 신(申)이 형을 받고 있습니다. 식상(먹고살기 위한 모든 행동)과 인성(일의 시작, 혹은 계획)이 벌을 받고 있습니다. 신자반합으로 충의 효과는 감소합니다. 인(寅) 안에 지장간 무(戊), 병(丙), 갑(甲)과 신(申) 안에 지장간 무(戊), 임(壬), 경(庚)이 다 튀어나오게 됩니다.

45세 이후 식상의 극심한 변동으로 인해 본인 사업(프랜차이즈 인테리어)이 기로에 선 적이 한두 번이 아닙니다. 5개월 동안 한 번도 공사가 없다가 거의 부도 직전에 몰리면 또 일이 들어옵니다. 일이 들어와도 하청 업체에게 잔금을 지급하고 나면 또 부도 위기에 몰리고 부도 직전에 몰리면 또 일이 들어오고… 참 굴곡 많은 인생입니다.

내부적인 형(形으)로 인해 아래 직원들 또는 회사의 협력사와 끊임없는 송사에 시달리고 있습니다. 가정 내에 문제가 없으므로 직장 내에 문제로 변화됩니다. 형(形)으로 볼 때 대운 사(巳), 신(申), 인(寅) 삼형(三形)으로 사화까지 인신형을 가속화시키니 10년 동안은 사주체에서 느끼는 고충은 뭐라고 형언할 수 없을 정도로 힘들 겁니다. 세운의 변화에 따라 경제적인 부분이 천당과 지옥을 오간다는 말입니다.

자, 그러면 "이 사주체는 항상 고통을 받는가?"라는 질문이 온다면 일단은 "그렇다"고 말할 수 있습니다. 그러나 세운 혹은 대운의 변화에 따라 체감의 범위가 다릅니다. 어떻게든 인간은 삶을 견디어내고 위기를 헤쳐나가는 존재이지요.

◉ 충沖

지지상충 (地支相沖)	자충오 (子沖午)	축충미 (丑沖未)	인충신 (寅沖申)	묘충유 (卯沖酉)	진충술 (辰沖戌)	사충해 (巳沖亥)

충(沖)은 사주학의 무수히 많은 이론들 중에서도 특히 강조하고 또 강조하는 중요한 노른자위라고 할 수 있습니다. 사주를 먼저 입수하게 되면 제일 먼저 하는 일은 충이 있는지 없는지를 살펴보는 것입니다.

우선 학습하기 전에 형살(刑殺)을 제외한 나머지 합충(合沖)은 이격(離隔)되어 있는 경우에는 성립이 되지 않습니다.

충(沖)은 서로 싸우는 경우입니다. 앞에 있는 친구와 치고받고 하면서 다치고 깨지고 서로 헤어지는 것이지요. 사주팔자(四柱八字)에 일단 충(沖)이 있다는 것은 기존에 틀 혹은 삶에서 버릴 것과 얻을 것을 확실하게 결정하는 것입니다. 부부궁에 충이 드는 사주라면 깨끗하게 이혼하는 경우가 많습니다. 서로 따질 것 없이 신나게 한판 싸운 후 이혼 도장 찍고 다시는 만나지 않는 것이지요.

형이 들면 매일 싸웁니다. 아주 지겹게 싸우고 싸운 후에는 화해하고 또 싸웁니다. 서로를 괴롭히면서 싸우는 사주가 형입니다. 현대는 충보다 형이 오히려 더 힘들다고 이야기합니다. 형이 들면 부부가 지겹게 싸우다 세운에서 어느 한쪽 힘이 강해지면 그때서야 이혼합니다. 연인도 마찬가지입니다. 충이 있으면 싸우고 깔끔하게 헤어지지만 형이 들면 바람도 피고 할 것 다 하면서 헤어지지도 못하고 서로에게 상처만 남깁니다.

이것을 일로 바꾸어 통변해볼까요? 충이 들면 어려운 일이 생겼을 때 단번에 처리하거나 아예 완전히 손을 놓아버립니다. "이거 한번에 할 수 있겠는데!" 하거나 "난 이 일 못 해!" 하는 겁니다. 인성(어머니 혹은 새로운 일)에 충이 들면 깔끔하게 어머니와 인연을 끊거나 전공이나 그전에 하던 직장 일과는 전혀 상관없는 업종으로 바꾸어 일을 한다던지 아니면 갑자기 다른 나라로 떠나버리는 것이 다 충이 들었을 때 생기는 변화입니다. 완전히 파괴하거나 한번에 정신차리는 일종의 자극인 것이지요.

예를 들면 중학교 때 공부를 못하던 아이가 어느 날 제정신을 차리고 공부를 잘하여 일명 스카이를 가는 것과 같은 것입니다. 물론 그 반대의 작용도 합니다. 충은 극과 극으로 가버리기 때문에 파괴의 작용이 필히 동반하게 됩니다.

충(沖)으로 풀어보는 에피소드 1

 (여, 27세)

위 사주를 보면 연월에 충이 있습니다. 이럴 때는 부모의 상태를 봐야 합니다. 사주의 주인이 태어난 지 얼마 되지 않아서 부모가 이혼했습니다.

전형적인 자오충의 상태를 나타냅니다. 어려서부터 외국에서 공부하고 19살에 한국에 들어와서 미술을 전공하고 현재 대학원에 다니고 있습니다.

충(沖)으로 풀어보는 에피소드 2

 (여, 45세)

일단 부부궁의 문제를 확인해야 합니다. 시간을 보면 계수가 남편으로 볼 때 지지에 뿌리가 없습니다. 연간 해수는 무엇이냐고 물으시면 해수란 해묘미 합으로 해수의 기능을 상실하고 목으로 변하여 정화를 돕는 상태이므로, 그 해수 조상 자리에 위치하여 육친상 어

머니의 어머니, 즉 외할머니 역할로 보면 가능합니다.

외할머니가 이 사주에 있다는 것은 외택을 하였고 외할머니를 품고 있다는 것은 위 사주의 어머니가 장녀일 경우입니다. 외할아버지는 한때 잘나갔으나 잦은 여자 문제로 인하여 가권을 외할머니에게 넘겨주고 무늬만 남편의 경우로 한정되었을 것입니다.

어머니의 상태를 보자면 부모 자리에 위치하여 을목 문서와 재성을 함게 품고 있으므로 이 집 또한 가부장적 집안이 아닌 어머니의 영향력이 강한 집안으로 보여집니다. 또한 합의 영향으로 유금의 존재 가치가 없는 걸로 보여지며, 유금이 재를 파괴하는 입장으로 보여져 위 사주에 부모님의 상태는 이혼 혹은 별거를 의심할 수 있습니다.

남편의 상태는 해묘미 합으로 자식을 낳는 용도로 남편을 쓰고 쿨하게 이혼했을 것입니다.

자오묘유는 도화살이며 지지에 간섭을 용납하지 않습니다. 이기고 지고가 정확했을 것이니 남편의 진로 문제로 인한 갈등과 그로 인한 경제적인 문제로 이혼했을 것으로 보이며, 위 사주에서처럼 부부궁의 충은 확실한 결과를 나타내고 인간관계에서는 깔끔하게 정리되는 경향이 있습니다. 위 사주의 주인은 현재 초등학교 교사이며 이혼하였고 슬하에 자녀 한 명를 두고 있습니다.

세운에서 충(沖)이 들어올 때

時	日	月	年
○	甲	○	○
○	○	○	寅

신(申)이 들어오면 조상 자리이며 띠에 충이 들어오면 비견지에 충이 들어오니 조상과 관련된 일들에 변화가 일어납니다. 할아버지 또는 할머니의 부고 혹은 조상 대대로 내려오는 땅 문제, 손위 형제의 변화 등입니다.

時	日	月	年
○	甲	○	○
○	甲	○	○

인(寅)이 들어오면 부부궁에 충이 들어왔다는 뜻입니다. 부부에 갈등이 최대화되고 깊어지면 이혼까지도 갈 수 있습니다. 남편의 이동수로 인해 떨어져 살게 되거나 남편이 바람이 나기도 합니다. 직장에 다니는 여성일 경우, 일을 그만두거나 회사의 변동으로 인한 이직, 전출 등 사건이 일어납니다. 원인은 무엇일까 생각해보면 경쟁자의 출현이나 남편의 애인이 나타날 수 있습니다. 봄부터 가을까지 만약 본인 사주에 이런 운이 들어온다면 입도 눈도 모두 닫고 사는 것이 좋습니다.

◉ 천간天干의 오합五合

甲己 合化 = 土(戊)

乙庚 合化 = 金(庚)

丙辛 合化 = 水(壬)

丁壬 合化 = 木(甲)

戊癸 合化 = 火(丙)

　　천간의 오합이란 말에서 알 수 있듯이 천간이라는 성분들이 일정한 글자를 만나게 되면 합(合)하게 된다는 의미입니다. 이를 줄여서 흔히 간합(干合)이라고 칭하기도 합니다. 간합이라는 현상은 상황에 따라서 자신이 가지고 있는 오행의 성질을 잃고 새롭게 변화하기도 하며, 때로는 자신의 성질 자체를 잃어버려 없어지기도 합니다. 천간의 오합을 살펴보면 갑(甲), 을(乙), 병(丙), 정(丁), 무(戊), 기(己), 경(庚), 신(辛), 임(壬), 계(癸)의 순서에 따라 자신의 위치에서 다섯 번째 다음에 있는 천간과 합을 하게 되며 음과 양의 조합으로 구성되어 있습니다.

천간이라는 기운은 넓은 허공에 머물러 있다가 대지의 기운을 순차적으로 만나며 변화하게 됩니다. 즉 십이지지라는 곳을 거치며 변하게 되는데 같은 갑(甲)이라 할지라도 지지에 어떤 글자를 만나느냐에 따라서 그 쓰임새가 다르게 됩니다.

지지에 자수(子水)를 만나 이루어진 갑자(甲子)라는 기운과 지지에 진토(辰土)를 만나 이루어진 갑진(甲辰)에서의 갑목(甲木)은 그 해석의 의미부터가 다릅니다. 차가운 겨울을 의미하는 자수(子水) 위의 갑목(甲木)은 겨울에 앙상한 가지만을 남기고 있는 한 그루의 나무를 상징하며, 따스한 봄을 의미하는 진토(辰土) 위의 갑목(甲木)은 무성한 낙엽을 가지고 있어 보기 좋은 나무로 해석하기도 합니다.

이렇게 각 천간들은 지지의 기운을 거치게 되는데 지지에서 다섯 번째 순서인 진토(辰土)를 만나게 되면 그 성향이 큰 변화를 겪게 됩니다. 지지의 다섯 번째에서 변화를 하게 되니 천간에서도 역시 다섯 번째 순서에 있는 천간과 합을 하여 변하게 되는 것입니다.

사주를 볼 때 가장 주의해야 할 점은 간지의 회합입니다. 사주의 천변만화(千變萬化)는 모두 여기에서 나온다고 할 수 있습니다. 10천간의 배합에는 합이 될 경우와 합이 되지 않는 경우가 있습니다. 합이 되었다고 해도 화(化)하는 경우와 화하지 않는 경우가 있는데 본 장에서는 전적으로 천간의 합에 대하여 논할 것입니다. 정관이 합이 된 후에 그 정(情)이 일주를 향하지 않는다면 그 정관은 더 이상 정관으로 논하지 않습니다. 연간과 월간끼리 합했거나 연월간이 시간과 합이 되면 그러한 것입니다.

갑(甲) 일주가 월간에 신(辛)이 투출하면 정관을 만난 것인데 연간에 병(丙)이 있다면 병신합(丙辛合)이 되어 정관과 식식이 합하여 둘 다 자기의 작용을 망각하게 됩니다. 갑(甲)이 계(癸)의 인수를 쓰는데 천간에 무(戊)가 투출하여 무계합(戊癸合이) 되면 재성과 인수가 둘 다 자기의 교유한 작용을 상실하게 됩니다. 여타의 경우도 이런 원리에 따라 유추하기 바랍니다. 천간의 오합에서는 크게 두 가지로 분류를 하게 됩니다.

- 합(合)이 성립되었으나 다른 오행(五行)으로 화(化)하지 않은 상태.
- 합(合) 성립되었으며 다른 오행(五行)으로 화(化)하게 된 상태.

간합(干合)이 발생하게 되는 경우에서 다른 오행으로 화하는 경우는 좀처럼 찾아보기 힘듭니다. 다른 오행으로 화하게 된다는 것은 가령 갑목(甲木)과 기토(己土)가 명식 내의 천간에서 서로 붙어 있게 되었을 때 '甲 己 合化 = 土(戊)'라는 공식에 의해서 갑목(甲木)과 기토(己土)는 무토(戊土)로서 활용하게 된다는 것입니다. 그러나 합이 되었다고 모두 화(化)하게 되는 현상을 가지지는 않습니다.

합(合)이 성립되어 다른 오행으로 화하게 되는 경우는 조건이 매우 까다로우며 지지에서 그 화(化)를 어떻게 도와주는지 세밀하게 관찰해야 합니다.

천간(天干)의 오합(五合)으로 풀어보는 에피소드 1

時	日	月	年
○	甲	甲	己
○	○	○	○

연간(年干)에 있는 기토(己土)는 월간(月干)에 있는 갑목(甲木)과 합을 하고 있습니다. 그렇다면 일간(日干)의 갑목(甲木)과는 합을 하는가? 그렇지 않습니다. 이미 월간의 갑목(甲木)과 합을 하여 월간의 갑목(甲木)과 연간의 기토(己土)는 그 성질이 서로 묶여서 세력을 상실하게 됩니다. 앞서 설명했듯이 떨어져 있는 글자끼리는 합이라는 개념이 성립되지 않기 때문입니다. 세력을 상실하게 된다는 것은 그 존재 자체가 없는 것과 다름없습니다.

천간(天干)의 오합(五合)으로 풀어보는 에피소드 2

時	日	月	年
○	甲	癸	戊
○	○	○	○

이 사주 역시 연간에 있는 무토(戊土)와 월간에 있는 계수(癸水)가 서로 합이 되는 상황이 성립함으로 무토(戊土)와 계수(癸水)는 그 세력을 상실합니다.

천간(天干)의 오합(五合)으로 풀어보는 에피소드 3

時	日	月	年
壬	甲	丁	○
○	○	○	○

이 사주에서는 정화(丁火)과 임수(壬水)가 명식에 존재하지만 그 위치한 자리가 서로 떨어져 있기 때문에 정합임(丁合壬)이 성립하지 않습니다.

천간(天干)의 오합(五合)으로 풀어보는 에피소드 4

時	日	月	年
○	甲	己	甲
○	○	○	○

일간이라는 성분은 사주에서 자기 자신을 의미합니다. 이러한 특수성을 가지기 때문에 일간은 다른 타간(他干)이나 지지들의 형충회합이 일으키는 변화에서 가장 마지막에 변화를 가지게 됩니다.

위의 사주에서는 월간의 기토(己土)가 연간과 월간의 갑목(甲木)을 사이에 두고 합(合)이 되어 있지만 월간의 기토(己土)는 일간보다는 연간의 갑목(甲木)과 먼저 합하게 되므로 일간에게는 그 순서가 오지 않습니다.

● 지지육합 地支六合

자축합 (子丑合)	인해합 (寅亥合)	묘술합 (卯戌合)	진유합 (辰酉合)	사신합 (巳申合)	오미합 (午未合)
토 (土)	목 (木)	화 (火)	금 (金)	수 (水)	무 (無)

지지에는 육합(六合)이라는 것이 있습니다. 육합 또한 천간처럼 그 의미를 묶어서 동결된 현상으로 읽으면 됩니다. 자(子)와 축(丑)이 합이 되 있다는 것은 자(子)는 축(丑) 때문에 답답하고 육친의 성분에 따라 그 시기 혹은 그 육친의 성분 때문에 답답하며 인간관계 그 밖의 사회적인 현상으로도 답답함이 가중된다고 생각하면 됩니다. 그런데 천간처럼 합이 되었다고 화(化)하는 경우는 없습니다.

지지(地支)의 육합(六合)으로 풀어보는 에피소드 1

위에서 보면 자(子)와 축(丑)이 육합(六合)으로 묶여 있습니다. 육친적으로 식상과 인성이 육합으로 묶여 있어 진로와 자기가 공부한 것이 서로 달라 답답함이 가중되는 모습입니다. 추론을 하자면 경(庚)일간은 학교에 진학하는 문제에서 자기가 가고 싶은 학교와 자신의 실력이 모자라 가지 못하는 경우가 발생하고 또는 가정 형편상의 문제로 자기가 하고 싶은 전공을 가지 못하고 형편에 맞게 혹은 실력에 맞추어 가게 되는 경우입니다. 다른 육합들도 그 시기에 혹은 육친의 위치에 따라 임상에 임하면 되겠습니다.

지지(地支)의 육합(六合)으로 풀어보는 에피소드 2

월간의 자수(子水)와 시지의 축토(丑土)가 서로 떨어져 있으면 육합(六合)이 성립되지 않습니다.

지지(地支)의 육합(六合)으로 풀어보는 에피소드 3

時	日	月	年
己	戊	癸	乙
未	寅	未	卯

　40대 초반 여성의 사주입니다. 위 사주에서 보면 관 인(寅), 묘(卯)와 미묘(未卯)까지 반합을 하고 있습니다. 일단 여자에게 관이 많이 있다는 것은 두 가지 개념으로 보아야 합니다. 남자가 많거나 직장이 많다는 것입니다. 관이라는 것은 내가 고개를 숙이는 곳이니 사업을 한다 해도 내가 고개를 많이 숙이는 곳이 됩니다. 대표적인 것이 술집입니다. 위 사주의 여명은 28살에 결혼하고 자식을 한 명 낳고, 현재 별거 중인 상태로 남편과 10년 이상 떨어져 살고 있는 분입니다. 이혼을 원해도 남편이 이혼해주지 않아 이혼 소송 중에 있습니다.

지지(地支)의 육합(六合)으로 풀어보는 에피소드 4

時	日	月	年	
○	己	○	○	
○	○	寅	○	亥(운)

　해(亥) 운이 들어오면 인해합(寅亥合)으로 일시적으로 재성과 문서

의 동결 현상이 일어납니다. 또는 사업을 확장하려 하나 내부에 금
전적인 문제나 부동산의 동결 현상으로 나타나기도 합니다.

◉ 회합會合

회합(會合)이란 글자들이 모여 거대한 하나의 기운으로 변하는 것을 말합니다. 회합에는 방합(方合)과 삼합(三合)이라는 두 가지 분류가 있는데 글자가 세 가지나 모여야 하므로 사주를 볼 때 특히 유의해야 합니다.

이러한 회합은 성립 조건이 맞게 되면 반드시 다른 속성으로 변하게 됩니다. 천간의 오합에서처럼 어떠한 관계나 특수한 환경이 있어야만 변하는 것이 아니므로 회합에서는 다른 오행으로 변하게 되는 것을 국(局)으로 분류합니다.

다시 말하자면 회국이 성립되게 된다면 지지의 각 글자들은 본래 가지고 있던 오행의 속성을 잃어버리고 전혀 다른 새로운 형태의 오행의 성질을 가지게 되는 것입니다.

● 방합 方合

계절의 합 또는 방위의 합이라 하여 같은 계절, 같은 방위에 속해 있는 기운들끼리 비슷한 속성을 가지기 때문에 뭉치게 된다는 의미를 뜻합니다.

종류	오행	방위	계절
인묘진 (寅卯辰)	목국 (木局)	동 (東)	봄 (春)
사오미 (巳午未)	화국 (火局)	남 (南)	여름 (夏)
신유술 (申酉戌)	금국 (金局)	서 (西)	가을 (秋)
해자축 (亥子丑)	수국 (水局)	북 (北)	겨울 (冬)

방합(方合)으로 풀어보는 에피소드 1

위와 같이 지지에서 인목(寅木)과 묘목(卯木), 진토(辰土)가 나란히 붙어 있게 되면 동방(東方) 목국(木局)이라는 개념이 성립하게 됩니다. 인목(寅木)과 묘목(卯木), 진토(辰土)는 신속하게 자신이 가진 오행의 속성을 잃어버리게 되며 하나의 거대한 목기(木氣)를 가지게 됩니다.

인성이라는 목으로 변하니 일주 시점 전에 새로운 일을 시작하거나 새로운 공부를 하는 일이 발생합니다.

방합(方合)으로 풀어보는 에피소드 2

지지에 있는 사화(巳火), 유금(酉金), 축토(丑土)는 서방(西方) 금국(金局)의 형태로 자신이 가진 오행의 속성을 잃어버리게 되며 하나의 거대한 금기(金氣)를 가지게 됩니다. 일주 시점 전에 새로운 돈벌이 혹은 사업을 하게 되는 경우입니다.

방합(方合)으로 풀어보는 에피소드 3

위와 같이 방합이 되어야 하는 글자가 한 글자라도 떨어져 있게
된다면 성립되지 않습니다.

● 삼합三合

　삼합(三合)의 원리는 방합(方合)처럼 단순하게 같은 기운이 중심이
돼서 합하게 되는 것이 아닌 조금은 화학적인 작용을 의미합니다.
그 원리는 방합보다는 조금 어렵지만 자세히 살펴보면 무척 간단합
니다.

　앞서 지지를 학습할 때 익혀두었던 각 오행의 생지(生支), 왕지(旺
支), 고지(庫支) 이렇게 세 가지가 모이게 되면 방합처럼 하나의 오행
으로 변하게 된다는 것입니다. 서로 다른 성질들이 한 가지의 공통
된 점으로 모여 있는 겁니다.

　　　생지(生地)　　인신사해(寅申巳亥)
　　　왕지(旺地)　　자오묘유(子午卯酉)
　　　고지(庫地)　　진술축미(辰戌丑未)

종류	오행
해묘미(亥卯未)	목국(木局)
인오술(寅午戌)	화국(火局)
사유축(巳酉丑)	금국(金局)
신자진(申子辰)	수국(水局)

해묘미(亥卯未) 목국(木局)을 살펴보면 수(木)의 생지(生支)인 해수(亥水)가 첫 번째 자리를 가지고 있으며 목(木)의 왕지(旺支)인 묘목(卯木)이 가운데, 그리고 목(木)의 고지(庫支)인 미토(未土)를 마지막으로 목기(木氣)의 생지, 왕지, 고지 이렇게 세 가지 글자가 모여 거대한 하나의 목기(木氣)로 형성되는 것입니다.

삼합(三合)으로 풀어보는 에피소드 1

위와 같이 지지에서 인목(寅木)과 오화(午火), 술토(戌土)가 나란히 붙어 있게 되면 인오술(寅午戌) 삼합국(三合局)이라는 개념이 성립되게 됩니다. 인목(寅木)과 오화(午火), 술토(戌土)는 신속하게 자신이 가진 오행의 속성을 잃어버리게 되며 하나의 거대한 화기(火氣)를 가지

게 됩니다.

삼합(三合)으로 풀어보는 에피소드 2

時	日	月	年
○	甲	○	○
○	甲	子	辰

위의 경우도 지지에서 신금(申金), 자수(子水), 진토(辰土)가 나란히 붙어 있으므로 신자진(申子辰) 삼합국(三合局)이 성립되어 신금(申金), 자수(子水), 진토(辰土)는 신속하게 자신이 가진 오행의 속성을 잃어버리고 거대한 수기(水氣)를 가지게 됩니다.

삼합(三合)으로 풀어보는 에피소드 3

時	日	月	年
○	甲	○	○
子	甲	○	辰

마찬가지로 삼합국(三合局)의 글자 중 한 개의 글자 진토(辰土)가 떨어져 있으므로 삼합국이 성립되지 않습니다.

삼합(三合)으로 풀어보는 에피소드 4

(남성)

時	日	月	年
戊	甲	庚	辛
辰	申	子	卯

신자진(申子辰) 수국(水局)이 되었습니다. 삼합, 방합일 때는 스킬이 따로 있습니다. 자수(子水)를 인지하는 월주 시점에서 자수(子水)가 탈색되고 사라져 전혀 새로운 오행으로 변한다는 것이죠. 즉 15 이후로 전공을 바꾸게 되거나 모친이 바뀌게 된다는 것입니다.

기존 가지고 있던 자수(子水)는 사라지고 전혀 새로운 수(水)가 들어왔으니 45세부터 진토(辰土)가 바뀌게 됩니다. 진토(辰土)가 수(水)로 변하였으니 재성이 바뀌어 인수로 바뀌는 현상입니다. 현금이 바뀌어 부동자산으로 바뀜을 읽어주면 됩니다. 삼합이 완성되는 시기는 시주 시점이 되니 46세부터는 지지로 인수와 식상 천간으로 재성과 관성을 불러오죠. 천간에서 불러온 것은 지지에 해당 불러온 오행의 동기가 있어야 하고 지지로 부른 것은 천간에 동기가 있어야 합니다. 또 하나의 삼합 사주풀이를 볼까요?

(남성)

時	日	月	年	
己	丁	己	庚	
酉	巳	丑	戌	午(대운)

지지로 불러온 것 중에 인수는 토(土)가 되는데 천간에 토(土)가

있습니다. 또한 식상을 불러온다 하였는데 식상 수(水)는 천간에 없어 불러오지 못합니다. 그런데 대운에서 갑(甲) 대운으로 체를 완성시켜 불러오지요. 동료 또는 본인이 추구하는 일이 문서 혹은 인기로 점점 진행됩니다.

그것은 명주가 46세부터 사회적으로 새로운 일과 인간관계 또한 돈이 된다는 것입니다. 그리고 천간으로 관성을 부르는데 지지에 관성도 화(火) 있죠? 천간에 재성을 또한 불러오는데 시지에 유금(酉金)이니 재물과 이성뿐만 아니라, 자식과 직장, 이성 관련해서도 사회적으로 아주 훌륭하다고 보면 됩니다.

한마디로 정리하면 46세부터 현금을 부동자산화하여서 재물이 심심치 않게 들어오며, 직장도 잘나가고 만사형통한데 재성 마누라가 없어지고 삼합으로 부른 천간의 재성이 지지에 통근하여서 새로 생기니 46세부터 여자도 잘 만난다 이렇게 보면 되겠습니다. 이상이 삼합, 방합된 사주의 풀이 기술입니다.

유사축(酉巳丑) 금국(金局)으로써 재성이 완성되는 과정을 읽어주고 삼합에 의한 재관이 생기니 그것을 통변해주면 됩니다. 지지로 인수와 식상 천간으로 재관이 생기는 것입니다.

지금까지는 기술적인 부분이고 이 명조 자체가 부명인가 빈명인가를 읽어서 삼합에 의한 재성이 대박인지 소박인지 판가름해야 합니다. 빈명일 경우 여자의 문제로 나타날 것이고 부명일 경우 재물의 현상으로 나타납니다. 일단 이분 명조가 축월(丑月) 정화(丁火) 경금(庚金)의 투간으로 재격이며 인수가 없으므로 종재격입니다. 이 사주에는 한 가지 포인트가 있는데 삼합이 완성되면 반대 기운인 충하는 기운, 목의 존재를 완전히 몰살시켜버립니다. 그런데 위 사주명에는 목의 기운이 없으므로 목의 몰살은 없습니다.

만약 목기(木氣)가 저 사주에 들어나 있었으면 금국인데 연약한 목 하나로 감당하지 못하니 분명 문제가 큰 사주가 될 겁니다. 간혹 특이한 사주가 있습니다. 조화가 전혀 안 이루어 졌는데 괜찮게 살고 있는 사주들에는 우리가 알지 못하는 무엇이 있습니다.

납음으로 갖추면 어느 정도 괜찮게 살아요. 납음도 없으면 무(戊), 병(丙)을 봅니다. 염상격 같은 경우 뜨거운데 어떻게 잘 살까요? 무관(無官)일 때 병화(丙火)는 수(水)를 불러서 관적으로 잘나갑니다. 수(水)를 부르거든요. 이것이 우리가 잘 감지하지 못했던 부분입니다.

전선생의 사주카페

자신의 일을 하고 싶은 여자

時	日	月	年	(여, 43세)
辛	乙	壬	甲	
巳	酉	申	寅	

61	51	41	31	21	11	1	大
乙	丙	丁	戊	己	庚	辛	運
丑	寅	卯	辰	巳	午	未	

40대 여성의 사연입니다. 대학원 졸업 후 서울에서 도예 작가를 하며 아버지의 식당을 도와주다가, 약 10년 전부터 고향인 부산으로 내려가 언니가 하는 사회복지센터를 돕고 있습니다. 그 일을 시작하면서 사회복지사, 미술 치료사, 한국사 검정 시험까지 따고 언니 사업을 많이 확장시켜 주었는데 정작 자신이 하고 싶어 하는 도자기 작업을 하지 못하는 데 불만이 많았습니다.

더욱이 자신이 주도적으로 사업의 많은 부분을 이끄는 형태가 되자 남편도 다니던 회사를 그만두었고, 언니도 자신에

게만 의존하려 하자 마음이 복잡해졌다고 합니다. 심리적 부담감 역시 상당했고요.

얼마 전 서울에 올라왔을 때 만났는데 언제쯤 사회복지 일을 그만두고 도자기 작업을 할 수 있을지, 그리고 한동안 쉬었던 작업을 다시 시작하면 잘할 수 있을지 물어왔습니다.

사주 전체적인 구성을 보면 월지, 일지, 시지 모두 금국(金局)을 이루고 있고, 직장을 나타내는 관이 합으로 답답한 형태입니다. 십이운성으로 봤을 때 을유일주가 절지를 이루고 있어 나와 전혀 상관없는 종류의 직장을 가질 형태고, 식상은 사지에 있어 내가 하는 일이 나를 죽이는 형상입니다. 또한 신사시주는 사지를 이루고 있어, 전부 관의 상태가 그다지 좋지 않았습니다.

그리고 연지와 월지가 인신형을 이루고 있어 형제와 직장 때문에 힘든 구성도 사주에서 명확하게 보이고 있습니다. 게다가 식상인 병화와 정화가 천간에서 오면 임수와 신금 때문에 합거되어 상실되고, 사화는 사유 반합을 하고 있어 뿌리가 약한 상태였습니다. 그래서 자신이 하고자 하는 일은 뜻대로 하지 못하고, 언니와의 반복되는 마찰로 복지센터에서 일을 하면 할수록 많이 아프고 정신적으로도 힘들었던 것 같았습니다.

하지만 앞으로 자신의 일을 하기만 한다면 술토와 축토가 있어 먹고살 정도의 재산은 모을 수 있을 테고, 40대 후반에는 식상이 건록으로 들어서면서 하는 일이 잘될 수 있으리라 보입니다. 그리고 2017년 정유년을 봤을 때 지지 유금이 들어오면서 새로운 관이 하나 생기고, 천간 정임합목으로 합거되어 기존의 나의 일을 하나 날려버리는 형태가 되면서 내년 여름쯤에 서울로 올라오겠다고 했습니다.

한눈에 보는 사주명리학

| 천간(天干) |

오행 (五行)	목 (木)		화 (火)		토 (土)		금 (金)		수 (水)	
음양 (陰陽)	양 (陽)	음 (陰)	양 (陽)	음 (陰)	양 (陽)	음 (陰)	양 (陽)	음 (陰)	양 (陽)	음 (陰)
천간 (天干)	갑 (甲)	을 (乙)	병 (丙)	정 (丁)	무 (戊)	기 (己)	경 (庚)	신 (辛)	임 (壬)	계 (癸)

| 지지(地支) |

오행 (五行)	수 (水)	토 (土)	목 (木)		토 (土)	화 (火)	토 (土)	금 (金)		토 (土)	수 (水)
음양 (陰陽)	음 (陰)	양 (陽)	음 (陰)	양 (陽)	음 (陰)	양 (陽)	음 (陰)	양 (陽)	음 (陰)	양 (陽)	음 (陰)	양 (陽)
지지 (地支)	자 (子)	축 (丑)	인 (寅)	묘 (卯)	진 (辰)	사 (巳)	오 (午)	미 (未)	신 (申)	유 (酉)	술 (戌)	해 (亥)
동물 (動物)	쥐	소	호랑이	토끼	용	뱀	말	양	원숭이	닭	개	돼지

오행 소속	목 (木)	화 (火)	토 (土)	금 (金)	수 (水)
오상 (五常)	인 (仁)	예 (禮)	신 (信)	의 (義)	지 (智)
오색 (五色)	청 (靑)	적 (赤)	황 (黃)	백 (白)	흑 (黑)
오방 (五方)	동 (東)	남 (南)	중앙 (中)	서 (西)	북 (北)
오수 (五數)	3, 8	2, 7	5, 10	4, 9	1, 6
오계 (五季)	봄 (春)	여름 (夏)	토왕 (土旺)	가을 (秋)	겨울 (冬)
오장 (五臟)	간 (肝)	심 (心)	비 (脾)	폐 (肺)	신 (腎)
오근 (五根)	눈 (眼)	혀 (舌)	입술 (脣)	코 (鼻)	귀 (耳)
오체 (五體)	근 (筋)	혈맥 (血脈)	기육 (肌肉)	피모 (皮毛)	골 (骨)
오미 (五味)	신맛 (酸)	쓴맛 (苦)	단맛 (土)	매운맛 (辛)	짠맛 (鹹)
오과 (五果)	오이 (李)	살구 (杏)	대추 (棗)	복숭아 (桃)	밤 (栗)
오축 (五畜)	개 (犬)	양 (羊)	소 (牛)	닭 (鷄)	돼지 (猪)
오음 (五音)	아음 (牙)	설음 (舌)	후음 (喉)	치음 (齒)	순음 (脣)

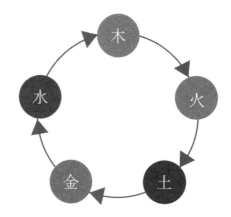

목(木) → 화(火) → 토(土) → 금(金) → 수(水) → 목(木)

| 오행의 상극(相剋) 구조 |

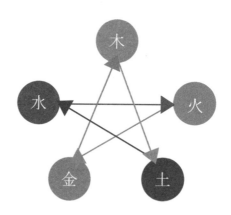

목(木) → 토(土) → 수(水) → 화(火) → 금(金) → 목(木)

갑자 (甲子)	을축 (乙丑)	병인 (丙寅)	정묘 (丁卯)	무진 (戊辰)	기사 (己巳)	경오 (庚午)	신미 (辛未)	임신 (壬申)	계유 (癸酉)
갑술 (甲戌)	을해 (乙亥)	병자 (丙子)	정축 (丁丑)	무인 (戊寅)	기묘 (己卯)	경진 (庚辰)	신사 (辛巳)	임오 (壬午)	계미 (癸未)
갑신 (甲申)	을유 (乙酉)	병술 (丙戌)	정해 (丁亥)	무자 (戊子)	기축 (己丑)	경인 (庚寅)	신묘 (辛卯)	임진 (壬辰)	계사 (癸巳)
갑오 (甲午)	을미 (乙未)	병신 (丙申)	정유 (丁酉)	무술 (戊戌)	기해 (己亥)	경자 (庚子)	신축 (辛丑)	임인 (壬寅)	계묘 (癸卯)
갑진 (甲辰)	을사 (乙巳)	병오 (丙午)	정미 (丁未)	무신 (戊申)	기유 (己酉)	경술 (庚戌)	신해 (辛亥)	임자 (壬子)	계축 (癸丑)
갑인 (甲寅)	을묘 (乙卯)	병진 (丙辰)	정사 (丁巳)	무오 (戊午)	기미 (己未)	경신 (庚申)	신유 (辛酉)	임술 (壬戌)	계해 (癸亥)

| 24절기표 |

절기 구분		날짜(양력)	절기 특징
봄 (春)	입춘(立春)	2월 4일경	봄의 시작.
	우수(雨水)	2월 19일경	초목이 싹트는 시기로 봄비가 내리고 얼음이 녹는다.
	경칩(驚蟄)	3월 6일경	벌레나 동물이 동면을 마치고 깨어나는 시기.
	춘분(春分)	3월 21일경	밤낮의 길이가 거의 같아지는 시기.
	청명(淸明)	4월 5일경	논농사를 준비하는 시기로 날씨가 맑고 청명함.
	곡우(穀雨)	4월 20일경	봄비가 내려 백곡이 윤택해짐.
여름 (夏)	입하(立夏)	5월 6일경	여름의 시작. 냉이는 죽고 보리가 익는 때.
	소만(小滿)	5월 21일경	모내기를 시작하는 시기로 만물이 성장하여 가득 참.
	망종(芒種)	6월 6일경	보리는 익어서 먹게 되고 모는 자라서 심게 되는 시기.
	하지(夏至)	6월 21일경	낮이 가장 길고 밤이 가장 짧은 시기.
	소서(小暑)	7월 7일경	본격적인 더위가 시작되는 시기.

	대서(大暑)	7월 23일경	더위가 가장 심한 시기.
가을(秋)	입추(立秋)	8월 8일경	가을이 시작되는 시기.
	처서(處暑)	8월 23일경	더위가 물러나고 아침저녁의 일교차가 커짐.
	백로(白露)	9월 8일경	이슬이 내리고 완전한 가을 기운이 나타남.
	추분(秋分)	9월 23일경	낮과 밤의 길이가 같아짐.
	한로(寒露)	10월 8일경	찬 이슬 내리기 시작.
	상강(霜降)	10월 23일경	추수의 마무리 시기로 서리가 내리기 시작함.
겨울(冬)	입동(立冬)	11월 7일경	겨울이 시작되는 시기로 물과 땅이 얼기 시작.
	소설(小雪)	11월 22일경	첫눈이 오기 시작하는 시기.
	대설(大雪)	12월 7일경	눈이 많이 오는 시기.
	동지(冬至)	12월 22일경	낮이 가장 짧고 밤이 가장 긴 시기.
	소한(小寒)	1월 6일경	겨울 중 가장 추운 시기.
	대한(大寒)	1월 21일경	겨울의 추운 시기.

| 십이운성표 |

	장생 (長生)	목욕 (沐浴)	관대 (冠帶)	건록 (建祿)	제왕 (帝王)	쇠 (衰)	병 (病)	사 (死)	묘 (墓)	절 (絶)	태 (胎)	양 (養)
갑 (甲)	해 (亥)	자 (子)	축 (丑)	인 (寅)	묘 (卯)	진 (辰)	사 (巳)	오 (午)	미 (未)	신 (申)	유 (酉)	술 (戌)
을 (乙)	오 (午)	사 (巳)	진 (辰)	묘 (卯)	인 (寅)	축 (丑)	자 (子)	해 (亥)	술 (戌)	유 (酉)	신 (申)	미 (未)
병 (丙)	인 (寅)	묘 (卯)	진 (辰)	사 (巳)	오 (午)	미 (未)	신 (申)	유 (酉)	술 (戌)	해 (亥)	자 (子)	축 (丑)
정 (丁)	유 (酉)	신 (申)	미 (未)	오 (午)	사 (巳)	진 (辰)	묘 (卯)	인 (寅)	축 (丑)	자 (子)	해 (亥)	술 (戌)
무 (戊)	인 (寅)	묘 (卯)	진 (辰)	사 (巳)	오 (午)	미 (未)	신 (申)	유 (酉)	술 (戌)	해 (亥)	자 (子)	축 (丑)
기 (己)	유 (酉)	신 (申)	미 (未)	오 (午)	사 (巳)	진 (辰)	묘 (卯)	인 (寅)	축 (丑)	자 (子)	해 (亥)	술 (戌)
경 (庚)	사 (巳)	오 (午)	미 (未)	신 (申)	유 (酉)	술 (戌)	해 (亥)	자 (子)	축 (丑)	인 (寅)	묘 (卯)	진 (辰)
신 (辛)	자 (子)	해 (亥)	술 (戌)	유 (酉)	신 (申)	미 (未)	오 (午)	사 (巳)	진 (辰)	묘 (卯)	인 (寅)	축 (丑)
임 (壬)	신 (申)	유 (酉)	술 (戌)	해 (亥)	자 (子)	축 (丑)	인 (寅)	묘 (卯)	진 (辰)	사 (巳)	오 (午)	미 (未)
계 (癸)	묘 (卯)	인 (寅)	축 (丑)	자 (子)	해 (亥)	술 (戌)	유 (酉)	신 (申)	미 (未)	오 (午)	사 (巳)	진 (辰)

지지 (地支)	자 (子)	축 (丑)	인 (寅)	묘 (卯)	진 (辰)	사 (巳)	오 (午)	미 (未)	신 (申)	유 (酉)	술 (戌)	해 (亥)
초기	임 (壬)	계 (癸)	무 (戊)	갑 (甲)	을 (乙)	무 (戊)	병 (丙)	정 (丁)	무 (戊)	경 (庚)	신 (辛)	무 (戊)
중기		신 (辛)	병 (丙)		계 (癸)	경 (庚)	기 (己)	을 (乙)	임 (壬)		정 (丁)	갑 (甲)
정기	계 (癸)	기 (己)	갑 (甲)	을 (乙)	무 (戊)	병 (丙)	정 (丁)	기 (己)	경 (庚)	신 (辛)	무 (戊)	임 (壬)

| 천간합표 |

갑기합 (甲己合)	을경합 (乙庚合)	병신합 (丙辛合)	정임합 (丁壬合)	무계합 (戊癸合)
토 (土)	금 (金)	수 (水)	목 (木)	화 (火)

| 지지육합표 |

자축합 (子丑合)	인해합 (寅亥合)	묘술합 (卯戌合)	진유합 (辰酉合)	사신합 (巳申合)	오미합 (午未合)
토 (土)	목 (木)	화 (火)	금 (金)	수 (水)	무 (無)

| 합충신살표 |

천간합	지지삼합	지지육합	암합
갑기합화토	인오술합화	자축합화토	정해(목) 무자(화) 신사(수) 임오(목)
을경합화금	신자진합수	인해합화목	
		묘술합화화	
병신합화수	사유축합금	진유합화금	자술(화) 축인(토) 묘신(금) 오해(목) 인미(토)
정임합화목		사신합화수	
무계합화화	해묘미합목	오미합화화	

천간충		지지충
갑경충	갑무충	자오충
을신충	을기충	축미충
병임충	병경충	인신충
		묘유충
정계충	정신충	진술충
무임충	기계충	사해충

일간	갑	을	병	정	무	기	경	신	임	계
천을귀인	축미	자신	해유	해유	축미	자신	축미	인오	사묘	사묘
문창(연해)	사	오	신	유	신	유	해	자	인	묘
문창(정종)					인	묘				
암록(연해)	해	술	신	미	신	미	사	진	인	축
암록(정종)					인	축				
건록(연해)	인	묘	사	호	사	오	신	유	해	자
건록(정종)					해	자				

월지	인	묘	진	사	오	미	신	유	술	해	자	축
천덕귀인	정	갑	임	신	해	갑	계	인	병	을	사	경
월덕귀인	병	갑	임	경	병	갑	임	경	병	갑	임	경
월공	임	경	병	갑	임	경	병	갑	임	경	병	갑
천의성	축	인	묘	진	사	오	미	신	유	술	해	자

역마	신자진 – 인	인오술 – 신	사유축 – 해	해묘미 – 사
도화	신자진 – 유	인오술 – 묘	사유축 – 오	해묘미 – 자
화개	신자진 – 진	인오술 – 술	사유축 – 축	해묘미 – 미
귀문관	진해 자유 미인 사술 오축 묘신			
괴강	일주일 때 다른 주에 있으면 체크 – 무진, 무술, 경진, 경술, 임진, 임술			
백호	일주일 때 다른 주에 있으면 체크 – 갑진, 을미, 병술, 정축, 무진, 임술, 계축			
양인	연월일시주(연해) – 갑묘, 병오, 무오, 경유, 임자 연월일시주(정종) – 갑묘, 병오, 무자, 경유, 임자			
원진	자미, 축오, 인유, 묘신, 진해, 사술